Bosquejos de sermones para Bodas y Funerales

José Luis Martínez
Recopilador

CASA BAUTISTA DE PUBLICACIONES

CASA BAUTISTA DE PUBLICACIONES
Apartado Postal 4255, El Paso, TX 79914 EE. UU. de A.
www.casabautista.org
Agencias de Distribución

CBP ARGENTINA: Rivadavia 3474, 1203 Buenos Aires. **BOLIVIA:** Casilla 2516, Santa Cruz. **COLOMBIA:** Apartado Aéreo 55294, Bogotá 2, D.C. **COSTA RICA:** Apartado 285, San Pedro Montes de Oca, San José. **CHILE:** Casilla 1253, Santiago. **ECUADOR:** Casilla 3236, Guayaquil. **EL SALVADOR:** Av. Los Andes No. J-14, Col. Miramonte, San Salvador. **ESPAÑA:** Padre Méndez No. 142-B, 46900 Torrente, Valencia. **ESTADOS UNIDOS: CBP USA:** 7000 Alabama, El Paso, TX 79904, Tel.: (915)566-9656, Fax: (915)565-9008, 1-800-755-5958; 960 Chelsea Street, El Paso, TX 79903, Tel.: (915)778-9191; 4300 Montana, El Paso, TX 79903, Tel.: (915)565-6215, Fax: (915)565-1722, (915)751-4228, 1-800-726-8432; 312 N. Azusa Ave., Azusa, CA 91702, Tel.: 1-800-321-6633, Fax: (818)334-5842; 1360 N.W. 88th Ave., Miami, FL 33172, Tel.: (305)592-6136, Fax: (305)592-0087; 647 4th. Ave., Brooklyn, N.Y., Tel.: (718)788-2484; **CBP MIAMI:** 12020 N.W. 40th Street, Suite 103 B, Coral Springs, FL, 33065, Fax: (954)754-9944, Tel.: 1-800-985-9971. **GUATEMALA:** Apartado 1135, Guatemala 01901. **HONDURAS:** Apartado 279, Tegucigalpa. **MÉXICO: CBP MÉXICO:** Avenida Morelos #85, México, D.F. 06000; Madero 62, Col. Centro, 06000 México, D.F.; Independencia 36-B, Col. Centro, 06050 México, D.F.; Félix U. Gómez 302 Nte. Monterrey, N. L. 64000. **NICARAGUA:** Reparto San Juan del Gimnasio Hércules, media cuadra al Lago, una cuadra abajo, 75 varas al Sur, casa No. 320. **PANAMÁ:** Apartado E Balboa, Ancon. **PARAGUAY:** Casilla 1415, Asunción. **PERÚ:** Pizarro 388, Trujillo. **PUERTO RICO:** Calle San Alejandro 1825, Río Piedras. **REPÚBLICA DOMINICANA:** Apartado 880, Santo Domingo. **URUGUAY:** Casilla 14052, Montevideo 11700. **VENEZUELA:** Apartado 3653, El Trigal 2002 A, Valencia, Edo. Carabobo.

Ediciones: 1990, 1993, 1996, 1999
Quinta edición: 2000

Clasificación Decimal Dewey: 252.1

Temas: 1. Sermones – Bosquejos
2. Bodas – Sermones
3. Funerales – Sermones

ISBN: 0-311-43042-2
CBP Art. No. 43042

1.5 M 12 00

Printed in U.S.A.

INDICE

SERMONES PARA FUNERALES

LISTA DE COLABORADORES

1. José Borrás
2. Rafael Bustamante
3. Víctor Jesús Cabrera
4. Geriel S. De Oliveira
5. Sindulfo Díez-Torres
6. Jorge E. Garay
7. Adrián González Quirós
8. José Luis Martínez
9. Cecilio McConnell
10. Alfredo Mira
11. Oscar Pereira
12. Adolfo Robleto
13. Ataulfo Simarro
14. José S. Vélez

PREFACIO

Dos de los momentos más significativos en la vida de las personas —y de los ministros— son las ceremonias de boda y los servicios fúnebres. Constituyen grandes oportunidades para compartir con las personas la Palabra y el amor de Dios. Por lo general, nunca hablará el ministro a una audiencia tan dispuesta a escuchar como la que participa en una boda o sepelio. Porque en toda ocasión de gozo o de dolor los seres humanos suelen abrirse, aunque sea sólo por un momento, a las realidades divinas que el pastor representa. Por estas razones estos eventos merecen siempre nuestra mejor atención y preparación.

Puede acontecer que un pastor sea llamado a ministrar en muchas bodas y funerales debido a que pastorea una congregación numerosa o es muy conocido en la comunidad. En estas situaciones está siempre presente el riesgo potencial de la deformación profesional a causa del hábito y de la costumbre. Como dijo alguien: "No hay nadie peor para enterrar a un muerto que un sepulturero." Se refiere a la manera fría, indiferente y mecánica de hacerlo. Estos servicios —bodas y funerales— no deben ser nunca mecánicos ni rutinarios. El pastor debe conservar su corazón lleno de compasión y simpatía.

Todos esperan que en estos momentos tan especiales el ministro de Dios haga bien lo que está llamado a hacer: ministrar la Palabra de Dios. Se le ve como un representante de Dios y se espera que por medio de él el Señor hable una palabra que sea de inspiración y de bendición para los participantes. De ahí se infiere que tanto la ceremonia de boda como el servicio fúnebre son un tremendo desafío espiritual para el pastor.

A veces sucede que debido a lo inesperado del suceso, a la falta de preparación o de posibilidades de renovación, el pastor se queda corto cuando las personas están más necesitadas de consejo y de ayuda espiritual. Especialmente los servicios fúnebres se presentan frecuentemente en momentos en los que el pastor está ya sobrecargado. No es infrecuente recibir avisos urgentes solicitando su presencia en una situación luctuosa. A pesar de todo, nunca hay excusa apropiada que justifique la falta de preparación para representar a Dios dignamente y ministrar adecuadamente a las personas en momentos tan críticos. Estas oportunidades deben ser tomadas muy en serio por el ministro. Dos cosas deben hacerse. Primera, tener el anhelo vehemente de ser el vocero de Dios. Segunda, prepararse bien, porque la disposición de entregarse totalmente a la dirección de Dios nunca elimina la necesidad de estudio y preparación personal.

Jesucristo es siempre nuestro modelo en todo. En una boda se regocijó y ante la tumba de un amigo lloró. Pero en ambos casos ministró eficazmente a personas en necesidad. Jesús visualizó estos momentos como dramas que captaban la atención de los participantes. Por medio de su actuación Dios apareció como el centro de atención y como el actor principal. Y a eso es a lo que somos nosotros llamados.

Las ceremonias de boda y los servicios fúnebres deben caracterizarse por un espíritu de adoración. Adorar a Dios es darle a él el lugar que le corresponde. El es nuestro Creador, Sustentador, Redentor y Señor; él es Alfa y Omega, el principio y el fin de todas las cosas. Es, pues, muy conveniente que el ministro sepa crear, mediante la ministración de la palabra, una atmósfera de adoración. Así las personas tendrán una conciencia más aguda de la presencia de Dios, como Isaías en el templo.

Son también momentos de expresión de profundas emociones de gozo o de dolor, según la situación de que se trate. No es conveniente impedir que las personas expresen sus sentimientos en forma adecuada. Esa manifestación de sentimientos (llorar en un funeral) no es signo de duda o de debilidad, sino, por el contrario, de interés, amor y sensibilidad. Es, además, por lo general, saludable que las personas desahoguen sus emociones y tensiones.

Estas ocasiones son, a la vez, manifestaciones comunitarias de interés, simpatía y apoyo. Los familiares, vecinos, amigos, compañeros de trabajo, hermanos en la fe, suelen estar presentes para acompañar y compartir. Todos pueden recibir una palabra de parte de Dios que los edifique y ayude. Es una oportunidad extraordinaria de ministrar a muchos a la vez.

El canto ha sido siempre un medio excelente de comunicar el mensaje de Dios. Cantos bien seleccionados pueden ayudar mucho a reafirmar el amor, la fe y la esperanza. Pero el ministro debe tener mucho cuidado con los cantos de algunos que a veces se ofrecen voluntarios para cantar por razones de parentesco o amistad. Aunque el intérprete puede ser una persona bien intencionada y quizá de mucha calidad artística, bien puede suceder que su carácter, o el tipo de música o la letra, no sean apropiados para la ocasión. El ministro debe saber decir *no* con delicadeza y firmeza. Conviene asegurarse con antelación de que todo está en orden. Estas situaciones no se dan tanto en comunidades cristianas con un estilo de culto más elaborado y rígido, sino, más bien, sucede en congregaciones de estilo más abierto y espontáneo. Tampoco hay por qué privarse de unas gotas de buen humor si es apropiado y viene al caso. No estamos hablando de chistes ni bromas inoportunas. Hay que procurar enfocar estos actos con solemnidad, respeto y seriedad, pero unos detalles de humor apropiados pueden a veces ayudar enormemente a sonreír y relajar la tensión. Pero deben ser cuidadosamente elegidos. No olvidemos nunca que de lo solemne a lo ridículo hay sólo un paso. Un detalle de humor puede ser un arma de dos filos, puede ayudar mucho o estropearlo todo.

El ministro debe tener también mucho cuidado con los elogios que dedica a las personas en estas ocasiones. Puede ser que esté presente alguien que les conozca en facetas de la vida que no sean tan encomiables y el testimonio cristiano puede quedar disminuido. Es mucho mejor enfatizar la fe en Cristo, a quien todos debemos mirar e imitar. Esto no quiere decir que no se hagan elogios, sí quiere decir que sólo se señale aquello que la gente en general reconoce como positivo en las personas a las que nos referimos.

Un pastor puede ser llamado, en los casos de funerales, a ministrar a personas muy diferentes en edad, condición y situación. Pueden ser hombres o mujeres, ancianos o bebés, adultos o adolescentes, ricos o pobres, de muchas o pocas letras, creyentes o inconversos, que fallecieron de manera natural o violenta, personas cuyo estilo de vida le agrada o le desagrada. Entre los mensajes para los servicios fúnebres encontrará bosquejos orientados para esas diversas circunstancias.

Sucede que estos mensajes son frecuentemente difíciles de elaborar, entre otras razones porque hay que hacerlo pensando muy particularmente en las necesidades de las personas involucradas, más que en apelaciones generales. Para esto nace este libro, para ofrecer al ministro una visión amplia de la variedad de circunstancias y necesidades de los seres humanos en estas situaciones y aportarle elementos apropiados de reflexión.

Este libro está pensado para ayudar a los pastores a leer, estudiar y prepararse con tiempo para esos momentos de necesidad y urgencia. No se facilitan estos materiales para propiciar el descuido o la pereza, sino para enriquecerse con el fruto del estudio y las experiencias de otros que con amor lo comparten para beneficio de sus colegas en el ministerio cristiano. Ayuda también a la renovación mental y espiritual de aquellos que llevan años predicando en la misma comunidad. Pedimos a Dios que muchos sean bendecidos, inspirados y estimulados con su lectura.

Todo aquel que predica y publica sus sermones sabe que sus oyentes o lectores usarán consciente o inconscientemente las ideas y pensamientos que componen la esencia de sus mensajes. Y, en definitiva, todos venimos a ser canales de mil influencias recibidas. Porque para eso se predican o se publican, para que las personas los disfruten y los asimilen incorporándolos a su caudal de conocimientos y bagaje espiritual. Esa es la gloria de los que tienen algo que decir y ofrecer: ser parte de las influencias que moldean las vidas de los demás.

José Luis Martínez

SERMONES
PARA BODAS

LA GRAN BENDICION DEL MATRIMONIO CRISTIANO

Proverbios 18:22

Introducción

El matrimonio es siempre una ocasión feliz. Y si no, que lo digan las hermosas flores que esta tarde adornan a este también hermoso templo; que lo diga el rostro de cada uno de ustedes, el cual se ve bañado de sonrisas; que lo diga la música que ha llenado de arpegios melodiosos la nave de este santuario; y que lo digan, igualmente, los cantos que tan agradablemente hemos oído esta noche.

El matrimonio es, realmente, una ocasión feliz. Y no puede ser de otro modo, porque el matrimonio es central en un camino de dulces y hermosas aventuras; porque el matrimonio, realmente, no es tanto mirarse el uno al otro, aunque sí debiera serlo, sino más bien mirar los dos hacia una misma meta, la meta de la felicidad. Y tiene que ser también el matrimonio una ocasión feliz, porque todo aquello que se amasa, se inicia y se realiza en el amor no puede ser sino una cosa feliz. El amor es la única fuerza en el universo que puede producir la felicidad. El matrimonio es amor.

I. LA BIBLIA Y EL MATRIMONIO

A. La Biblia, como libro de origen divino, nos enseña las verdades de Dios, nos dice cuál es la voluntad de él, y nos indica los principios por los cuales debemos regir nuestra vida. Y como libro de origen humano también, se refiere a los eventos importantes de la existencia del hombre sobre la tierra. Y el matrimonio, o sea, la unión de dos vidas —un hombre y una mujer—, es una experiencia fundamental y de trascendencia entre los seres humanos.

B. La Biblia nos dice cosas acerca del matrimonio como las siguientes:

"Por esto el hombre dejará padre y madre, y se unirá a su mujer, y los dos serán una sola carne." (Palabras de Jesús en Mat. 19:5.) Y él agrega: "Así que no son ya más dos, sino una sola carne; por tanto, lo que Dios juntó, no lo separe el hombre." (V. 6.)

Y leemos también:

"Honroso sea en todos el matrimonio y el lecho sin mancilla." (Heb. 13:4).

C. Pero ahora meditemos en una muy bonita y significativa declaración de la Palabra de Dios. Son palabras del sabio Salomón, y las cuales se encuentran en Proverbios 18:22. Ellas dicen así: "El que halla esposa halla el bien, y alcanza la benevolencia de Jehová."

13

II. UNA SIGNIFICATIVA DECLARACION BIBLICA ACERCA DEL MATRIMONIO

A. En la Biblia se expresa un alto concepto del matrimonio.

En nuestros días, la institución del matrimonio se ha desprestigiado. Hay algunos que lo rechazan del todo y hay otros que lo tienen en poca estima. El llamado "amor libre" ha invadido la cultura de nuestra sociedad moderna.

La Sagrada Escritura, en cambio, nos dice tres cosas buenas acerca del matrimonio.

1. El matrimonio, como institución para la sociedad humana, es de origen divino. Dios lo instituyó en el huerto de Edén.

2. El matrimonio es indispensable para la propagación y la continuidad del género humano.

3. El matrimonio es para satisfacción y gozo del hombre y la mujer.

B. El matrimonio debe ser el resultado de una búsqueda inteligente.

"El que halla esposa. . ." Quiere decir que por ahí, en algún lugar, hay una mujer para cada hombre; pero éste debe salir y buscarla. Para ello, debe haber empeño, diligencia, perseverancia e inteligencia. Si en todas las otras cosas nos esforzamos por aplicar sabiduría, cuánto más en una elección tan especial y trascendente como es la de la compañera para el resto de la vida. Y, por supuesto, tratándose de un hombre cristiano, éste debe buscar en oración y en la voluntad del Señor a esa "ayuda idónea" que, sin duda, Dios tiene reservada para él.

Si en una decisión como es ésta, el joven y la señorita empiezan bien desde el principio, allí ya hay mucho de garantía de que esa unión matrimonial irá por muy buen camino.

C. Un buen matrimonio es una bendición.

"El que halla esposa *halla el bien*, . . .", dice la Biblia. Y así es. El matrimonio es cosa buena y muy deseable. Desear casarse es natural; decir que uno o una no desea casarse, esto no es lo natural.

De las muchas clases de bienes que la vida nos da, es indudable que el matrimonio, conseguir una esposa o un esposo, es uno de esos bienes, y de los mejores. ¿Y por qué?

1. Porque el hombre, cuando "halla esposa", está completo.

Una de las maneras en que el hombre se realiza como varón es cuando llega a ser esposo y padre de familia.

2. Porque hallar una esposa es un triunfo. Un triunfo del compañerismo sobre la soledad; de la decencia sobre la indecencia; del orden sobre el desorden; de lo completo sobre lo incompleto.

3. Porque el matrimonio está en el centro de la voluntad de Dios. Esta claro el hecho que Dios hizo al hombre y a la mujer para que se complementaran el uno con el otro. El instinto sexual y la necesidad de compañerismo son fibras muy profundas en nuestra naturaleza humana. Por eso la Biblia dice que: "Honroso sea en todos el matrimonio y el lecho sin mancilla" (Heb. 13:4). Leemos en Génesis 2:18: "Y dijo Jehová Dios: No es bueno que el hombre esté solo; le haré ayuda idónea para él."

III. EL MATRIMONIO ES LA EXPRESION DE LA BENEVOLENCIA DE JEHOVA

A. Pensemos, por un momento, si Dios no hubiese tenido esta benevolencia para con el hombre. ¡Sería, en verdad, desastroso! La cosa es que Dios "todo lo hizo bueno y hermoso en su tiempo". Y él es pródigo en bendiciones para con sus criaturas.

B. Esta benevolencia de Jehová Dios puede resultar en nuestra propia felicidad en esta vida sobre la tierra. Pero es también una benevolencia que, en cierto sentido, hay que "alcanzarla". Es decir, tan preciosa bendición está aquí, al alcance de nuestra mano, como lo estaban los frutos del huerto de Edén a la disposición de Adán y Eva.

C. Vemos, pues, que esta felicidad que se experimenta en el santo matrimonio, se la experimenta y se la agranda también en la comunión de ambos cónyuges con Jehová Dios. Para que sea una unión matrimonial feliz debe serlo en el Señor. El mejor lazo de unión que puede haber en una pareja de cristianos es Jesucristo. Y así como él bendijo con su presencia las bodas de Caná de Galilea, así también él quiere bendecir con su constante presencia a esta pareja, la cual empieza hoy a formar un nuevo hogar cristiano.

Conclusión

Les deseamos, pues, a esta pareja de lindos enamorados toda la bendición del cielo y toda la felicidad de la tierra. Que cada año, y cada mes, y cada semana, y cada día y aun cada hora de la vida que vivan juntos, experimenten, sepan y recuerden que "El que halla esposa halla el bien, y alcanza la benevolencia de Jehová." Que así sea, y que Dios los bendiga.

Adolfo Robleto

UN MATRIMONIO CRISTIANO

Introducción

El matrimonio es una unión legítima, estable y singular de un hombre con una mujer. Es un contrato llevado a cabo por los dos contrayentes, en el que ambos tienen, esencialmente, los mismos derechos y las mismas obligaciones entre sí: amarse sincera y profundamente; mantenerse fieles mientras la vida les una; y cumplir con los propósitos o fines del matrimonio.

I. PROPOSITOS O FINES DEL MATRIMONIO

Los teólogos y moralistas hablan de tres propósitos esenciales en el matrimonio que, sin excluirse mutuamente, cada uno de ellos puede buscarse como razón primordial para el matrimonio:

A. Procreación de los Hijos: "Fructificad y multiplicaos". Génesis 1:28.
   1. Este es el plan de Dios para poblar la tierra y aumentar el número de sus adoradores. Un hogar sin hijos es como un jardín sin flores.

   2. Los padres deben ser responsables en cuanto al número de hijos que pueden y deben tener. Dios nos ha dado sexo, pero también nos ha dado talento para controlar el número de hijos.

   3. Los padres contraen obligaciones ineludibles para con sus hijos:
      a. Criarlos, proporcionándoles comida, vestidos, medicinas, etc.
      b. Educarlos, dándoles una preparación cívica y moral conveniente.
      c. Instruirlos, enseñándoles una carrera u oficio para que se defiendan por sí mismos y sean útiles a la sociedad.

B. Compañerismo: "No es bueno que el hombre esté solo". Génesis 2:20-23.

   1. El matrimonio no es sólo la unión de dos cuerpos, sino la fusión de dos almas, que se necesitan la una a la otra.

   2. El hombre y la mujer tienen habilidades y capacidades distintas que se compenetran y se complementan mutuamente.

   3. En la juventud creemos amar; pero es sólo cuando se ha envejecido juntos cuando se conoce la fuerza del amor.

C. Satisfacción del deseo sexual: "Mejor es casarse que quemarse." 1 Corintios 7:2-6.

   1. No debemos avergonzarnos de hablar de lo que Dios no se avergonzó de crear. El sexo es creado por Dios: es normal y saludable.

2. La atracción física de los sexos es una ley de la naturaleza que no hay que reprimir, sino encauzar correctamente.

3. Los derechos y las obligaciones de los esposos son mutuos y recíprocos. La mayoría de los divorcios tienen como causa principal la insatisfacción sexual.

II. COMO TRIUNFAR EN EL MATRIMONIO

El matrimonio puede ser o un cielo, donde reine gozo, paz y comprensión; o un infierno, donde exista desdicha, guerra e incomprensión. Todos anhelan conseguir lo primero; pero, ¿cómo conseguirlo?

A. Escoger bien a nuestro consorte, preparándose para el matrimonio.

1. Hay quienes no piensan en este asunto y se casan sin saber lo que implica decisión tan importante. Piensan y preparan el vestido, la ceremonia, el banquete, el viaje de novios, etc., pero descuidan el prepararse ellos mismos para el asunto más importante de su vida: unirse para siempre a otra persona.

2. Hay quienes piensan, pero piensan mal, porque solamente buscan ventajas sociales, riquezas materiales, complacer a sus familiares, etc. etc.

3. Hay quienes piensan y se preparan bien, considerando la dignidad del matrimonio, los fines principales del matrimonio y los problemas que puedan surgir en el matrimonio. Piden consejo a personas que puedan ayudarles, o leen libros que les ayudan para su futuro.

B. Hacer cada uno de los consortes lo que está de su parte.

En el matrimonio no todo es de color de rosa. Sin duda alguna, surgirán momentos difíciles, pero los problemas podrán resolverse si hay buena voluntad entre los esposos. Para ello se requiere:

1. Confianza mutua:
No tener celos el uno del otro. Compartirse los problemas y las alegrías. Querer cada uno lo mejor para el otro. No contar ante otras personas los fallos y debilidades de nuestro consorte.

2. Respeto mutuo:
Confianza, sí; pero chabacanería, no. Hay que tratarse con educación. Hay que evitar palabras groseras. El esposo debe pensar que tiene una compañera y no una esclava; por lo mismo, debe respetarla y amarla como a tal. La esposa debe respetar y reconocer la posición de su marido, teniendo en cuenta el refrán que dice: "Casa perdida, donde calla el gallo y canta la gallina."

3. Espíritu de sacrificio:
Ambos esposos deben estar dispuestos a luchar y a sacrificarse por conseguir su felicidad y el progreso de su hogar. Hay

momentos en los que tendrá que ceder el uno, y otros momentos en los que deberá ceder el otro. La felicidad matrimonial se conseguirá cuando cada uno trate de hacer feliz al otro.

C. Pedir la ayuda del Señor.

1. La fe es el áncora que da seguridad a la embarcación matrimonial. Un gran porcentaje de las personas que se casan con la misma fe triunfan en el matrimonio.

2. El culto familiar cada día ayuda a la reconciliación de las pequeñas desavenencias que puedan haberse producido.

3. El acudir a la Palabra de Dios juntos, buscando solución a los problemas en oración, es un remedio seguro para la solución de cualquier problema.

Conclusión

En Juan 2:1-11 se nos relata que Jesús fue invitado a una boda y no sólo estuvo presente en la misma, sino que fue allí donde manifestó su gloria por vez primera. Resolvió los problemas que surgieron en aquella casa e hizo que allí hubiera gozo y felicidad.

Por ser esta una boda cristiana, Jesús está también presente y todo lo que estamos haciendo lo hacemos en su nombre y para su gloria. Que él esté también presente en vuestro hogar. Y cuando en él surja algún problema, no dudéis en acudir a él y estad seguros que lo resolverá.

José Borrás

LA UNION MATRIMONIAL
Génesis 1:27, 28; 2:18-24;
Efesios 5:21-33

Introducción:

A. Los contrayentes ya han formalizado su unión matrimonial en el Registro Civil, y han satisfecho los requisitos legales y sociales conforme a la práctica en nuestro país.

B. Hay por lo menos cuatro razones por las que los contrayentes están ahora aquí en la casa de Dios:

1. Para ratificar delante de Dios y de esta congregación sus mutuos votos de fidelidad.

2. Para ofrecer en este culto nupcial, su unión y su hogar al Autor de toda buena dádiva y todo don perfecto.

3. Para escuchar la Palabra de Dios que tiene mucho que decir a la nueva pareja en una ocasión como ésta.

4. Finalmente, para implorar la bendición divina tan necesaria para la felicidad del hogar.

C. De acuerdo con la Biblia podemos hacer varias declaraciones sobre la unión matrimonial:

I. ES UNA UNION INSTITUIDA POR DIOS

A. La mujer es parte complementaria del hombre, Génesis 2:13, 18.

1. Con ella el hombre realiza su destino.

2. Con ella el hombre es feliz.

B. Los dos son una sola carne, Génesis 2:24.

1. El matrimonio provee el marco legítimo para el ejercicio de la sexualidad plena.

2. La unión carnal debe ser un símbolo de su unión espiritual.

II. ES UNA UNION PERMANENTE

A. Debe reconocerse su seriedad.

1. No es provisoria, a prueba, sino de por vida.

2. Jesús, comentando el relato original, dijo: ". . . por tanto, lo que Dios juntó, no lo separe el hombre" (Mateo 19:6).

B. Debe reconocerse su trascendencia.

1. Se decide la felicidad o desdicha de dos seres, incluyendo familiares y amistades.

2. Se juega la suerte y el destino de una generación venidera.

III. ES UNA UNION DE AMOR

A. El amor es la esencia del matrimonio, Efesios 5:25.

1. Sin amor, es sólo una cáscara legal, sin contenido afectivo.

2. Sin amor, no tiene base ni perspectiva de seguridad.

a. El verdadero amor vence todos los obstáculos, Cantares 8:7.

b. El verdadero amor es a toda prueba, 1 Corintios 13:4-8.

B. El amor debe expresarse siempre.

1. En el sometimiento mutuo, Efesios 5:21.

a. "Cristo amó a la iglesia, y *se entregó a sí mismo por ella*" Efesios 5:25.

b. Cristo se interesa por su iglesia y la perfecciona, Efesios 5, 26, 27.

2. En el cumplimiento de sus responsabilidades mutuas.

   a. Enriquecer el compañerismo.

   b. Procrear.

   c. Criar en el camino del Señor a los hijos que Dios les dé.

3. En el reconocimiento del papel de cada uno.

   a. Cada uno debe cumplir fielmente su papel.

   b. Cada uno debe apreciar y respetar el papel del otro.

Conclusión:

1. Las prácticas cristianas consolidan y fortalecen el matrimonio.

2. Aunque puede ser conmovido por los males comunes que pueden sobrevenir: enfermedad, penuria económica, dolor moral, y tentaciones, *no habrá nada ni nadie* que pueda abatirlo si ha puesto a Cristo como su firme y seguro fundamento.

3. La lectura diaria de la Biblia; la oración constante; la relación con la iglesia, la familia de la fe; y el estar ocupados en servir al Señor; todo ello, hará que la unión matrimonial sea invulnerable en las pruebas de la vida. Recuerden: "Si Jehová no edificare la casa, en vano trabajan los que la edifican" (Sal. 127:1).

Víctor Jesús Cabrera

DIOS ES COMO UN BUEN ESPOSO PARA TI

(Mensaje para celebración de Bodas de Plata)

Introducción

La biografía del matrimonio Ginés puede parecernos una historia vulgar, sin embargo, les digo que es una historia extraordinaria por tres motivos:

A. Porque es una historia de amor.

1. Las historias de amor siempre nos gustan. Aun las películas sin gran valor artístico se soportan si están montadas en una historia de amor.

2. Pero las historias de amor de la pantalla son luces de un momento, relámpagos en la noche. Son historias engañosas por el atractivo físico de los que la representan.

3. Un verdadero amor es aquel que puede desarrollarse y realizarse a lo largo de 25 largos años. No que deba pasar este tiempo, sino que su calidad sea capaz de perdurar.

4. También es extraordinaria, como historia de amor, porque cuántos matrimonios son una historia de odio y de tragedia.

B. Porque es una historia única, porque original es el hombre. Dios nos ha hecho diferentes, nos ha dado una sola existencia. Yo no creo en la reencarnación.
Nuestra vida es extraordinaria porque es nuestra y es la única que podemos vivir.

C. Pero sobre todo hay una tercera razón de la que quisiera ocuparme en particular; porque es símbolo de una relación sublime.

D. Escuchad las palabras que el profeta Jeremías pone en la boca de Dios: "He sido como un buen esposo para ti." Las relaciones de Dios con el hombre son tan amorosas que son comparables al amor íntimo de los esposos.

El símil del matrimonio para expresar las relaciones de Dios con su pueblo aparece por primera vez en Oseas, pero queda después acuñado para reaparecer en los oráculos de Isaías, Jeremías, Ezequiel y en la literatura sapiencial, sobre todo en el Cantar de los Cantares. Y aun el símil penetra en los escritos del Nuevo Testamento.

"He sido como un buen esposo para ti" - ¿Cómo es, cómo debe ser un buen esposo o una buena esposa? ¿Cómo es Dios para nosotros?

I. UN AMOR INFINITO

A. El símil del matrimonio adquiere unos tintes dramáticos en la vida del profeta Oseas. Dios permite que él viva en su propia carne una tragedia, una tragedia familiar para que él pueda comprender y enseñar hasta dónde llega el tierno amor de Dios.

B. Oseas se casó con una mujer que se llamaba Gomer. Por muy poco tiempo las cosas fueron bien, pero parece ser que la naturaleza de aquella mujer estaba pervertida. Un día abandonó a su marido, se fue detrás de otros amantes y se envileció. "Iré tras mis amantes, dijo, que me darán mi pan y mi bebida."

C. Por fin vinieron los hijos, que según la costumbre del tiempo, recibieron nombres simbólicos. El primero se llamó Jezreel, que era el nombre de un lugar, donde el pueblo había prevaricado,

donde había llenado sus manos de sangre, donde había pecado
contra su Dios.

El segundo fue una hija, se llamó Loruhama, que significa "no
compadecida". El comportamiento de ingratitud, el olvido de todo
lo que hemos recibido, el abandono de nuestro primer amor nos
sitúa en un estado en que no somos acreedores de compasión ni
misericordia.

Le sucedió el tercer hijo que recibió el nombre Lo-ammi, que
significa algo así como "no es mío", no es legítimo, no me pertenece
y no lo reconozco como mi hijo.

D. El profeta está en disposición de entender el corazón de Dios. El
nos ha creado, el nos ha dotado de todas las cosas, nos ha ofrecido
un hogar, nos ha amado primero. Pero nosotros le hemos sido
infieles, hemos olvidado su amor, sus favores y nos hemos ido en
pos de otros amantes.

E. La vida de Gomer no fue halagüeña: su atractivo se fue ajando.
Llegó un día cuando iba corriendo tras sus amantes, pero no los
alcanzaba; los buscaba y no los hallaba. Hubo un momento de
lucidez en que pensó: "Iré y me volveré a mi primer marido;
porque mejor me iba antes que ahora." Pero no llegó a retroceder
en el camino de su bien. Por fin un día fue a parar a un templo
pagano; allí se vendió como esclava para actuar en la prostitución
sagrada.

F. Hay tristeza, desesperación y lucha en el corazón del profeta. Por
fin un día decide buscar lo que se había perdido. Va por los lugares,
pregunta por los caminos y encuentra a Gomer que es una esclava.
La compra por 15 siclos de plata, la lleva a casa, la lava, la purifica y
luego le habla tiernamente a su corazón de esta manera:

"Te llevaré a un sitio solitario, nos recostaremos junto a las
viñas, el valle de Acor será como una puerta de esperanza,
cantaremos juntos como en los días de nuestra juventud. De aquí
en adelante no me llamarás más Baali, mi señor, sino Ishi, mi
marido. Te desposaré conmigo para siempre; te desposaré conmigo
en justicia, juicio, benignidad y misericordia. Nuestra hija no se
llamará más Lo-ruhama sino Ruama, porque tendré compasión,
Lo-ammi, se llamará Ammi, porque lo acepto como mío, como mi
hijo" Oseas 2:14-23. (Selección del autor en versión libre).
    ¿No es esta nuestra experiencia con Dios? El ha sido como un
buen esposo para nosotros. El ha mostrado un amor eterno,
infinito, sin límites. Escuchad estas palabras del Evangelio. "El
hijo del hombre ha venido a buscar y a salvar lo que se había
perdido." (Desarrollar un poco la idea de buscar.)
    Un buen esposo busca y ama con un amor infinito.

Pero hay otras características que tiene un buen esposo o esposa que quisiera apuntar brevemente y que también encontramos en Dios.

II. AYUDA

A. Un buen esposo es aquel que está dispuesto a ayudar en todo lo que llega su capacidad. Nuestra naturaleza está hecha de forma que no somos autosuficientes. Necesitamos la ayuda de otros. Pero el matrimonio se establece para que constituya la ayuda idónea, oportuna.

B. Ya pasaron los tiempos en que el hombre se creía un ser especial para el que ciertas tareas no eran dignas. ¿Por qué el hombre no puede ayudar a cambiar los pañales, en la cocina o la limpieza? Pero también deben pasar los de la mujer bobalicona que cree no poder ayudar en los problemas técnicos o intelectuales del marido. Allí están los dos para ser uno ayuda del otro.

C. Tampoco puede pensar uno de los dos que ha venido al mundo para dar órdenes y que le sirvan. La ayuda necesariamente debe ser mutua.

Oíd estas palabras referentes a Jesús: "El hijo del hombre no ha venido para ser servido, sino para servir y dar su vida." Este es el espíritu que caracteriza al Señor, el espíritu de ayuda y servicio.

D. Llegan momentos en la vida cuando la situación es tan difícil que los hombres nada pueden hacer. Entonces es bueno acudir a Dios, recordar que él ha dicho: "Yo soy tu ayudador." No temas, esfuérzate y sé valiente que yo te ayudaré. ¿Cómo tendremos temor del mundo, del futuro, de las fuerzas que parecen desatarse contra ti? Dios es tu ayudador, vuélvete a *él*, pruébalo, pídeselo con todo tu corazón. Es una cuestión de experiencia.

III. ALEGRIA

A. Un buen esposo es aquel que trata de proporcionar alegrías, siquiera pequeñas. Cuando se satisface un capricho, cuando se tiene una atención. Posiblemente no te gusta ir a un sitio, pero por qué no darle una pequeña alegría; no te gusta hacer algo, pero sea porque le gusta a él o a ella.

B. Hay algunos que actúan al contrario. Parecen esperar a estar con la familia para dar malas noticias, para refunfuñar por todo, que dicen siempre en principio NO sólo para amargar. Son aquellos que con justicia escuchan aquello de "hijo, cuando sales por esa puerta me quedo en la gloria".

C. El buen esposo trata que su presencia sea ocasión de alegrarse. Comparad este episodio en la vida del Señor:

Mateo 9:14, 15. "Vinieron a él los discípulos de Juan diciendo: ¿Por qué nosotros y los fariseos ayunamos muchas veces, y tus discípulos no ayunan? Jesús les dijo: ¿Acaso pueden. . . tener luto entre tanto que el esposo está con ellos? Vendrán días cuando el esposo les será quitado, y entonces ayunarán."

Son una evocación de las palabras de Isaías 62:5: "Como el gozo del esposo con la esposa, así se gozará contigo el Dios tuyo."

D. Es una protesta contra la idea que la vida sea un valle de lágrimas. No, la vida cristiana es una vida de gozo y de esperanza, de alegría de las pequeñas cosas que ésta nos ofrece, por los dones que Dios nos da. Hay gozo en el corazón de los que aman a Dios. ¿No quieres probarlo? ¿No quieres que él entre en tu corazón?

IV. SACRIFICIO

A. Finalmente, como característica de un buen esposo o esposa es que debe estar dispuesto al sacrificio. Hay una historia que me gusta mucho. Ya sé que es muy vieja y que la mayoría la sabéis, pero probablemente los jovencitos no la saben y puede ayudarles a formar su propia idea sobre el amor y el matrimonio.

Ilustración: Ella se corta el pelo y lo vende para comprar una cadena para el reloj. El vende el reloj para comprarle una diadema.

B. El amor de Dios llegó al sacrificio. Jesús dejó su trono de gloria y tomó la forma de un hombre. Padeció sed y cansancio, sufrió con los hombres. Como pago de su amor fue escarnecido, afrentado y abofeteado. Al fin subió a la cruz y tras largas horas de agonía, expiró diciendo: "todo está consumado". Todo lo hice yo por ti. Esto fue lo que costó nuestra salvación.

Conclusión

Permitidme resumir lo que Dios es para nosotros: el es como un buen esposo:

1. Nos ama con amor infinito.
2. Nos ayuda en nuestras pruebas.
3. Llena nuestra vida de gozo.
4. Se ha sacrificado por nosotros.
   ¿No quieres responder en amor?
   ¿No quieres abrirle tu corazón?

Si alguno oyere la voz amada que llama y abre la puerta, él entrará y cenará con él y hará con él morada. ¿No quieres tener esta bendita comunión con él?

Sindulfo Díez-Torres

INCIDENCIA DE LA FE EN LA FELICIDAD MATRIMONIAL
(Mensaje para celebración de Bodas de Plata)

Introducción

Sois un matrimonio excepcional, porque lo que llamamos "matrimonio normal" ha pasado a ser extraordinario.

Una estadística:
En 1900 fracasaban uno de cada quince.
En 1912 fracasaban uno de cada diez.
En 1950 fracasaban uno de cada cuatro.
Actualmente fracasan uno de cada tres.

¿Hay algo que podamos hacer?

El matrimonio es una experiencia radical:

1. Porque envuelve la vida en su totalidad: no hay ningún aspecto que se excluya. Cambia la manera de ser, los hábitos y hasta los gestos.

2. Porque no se limita a la esfera privada, sino que afecta a muchas otras vidas y relaciones.

3. Porque nos mueve a plantearnos la pregunta vital de la existencia: ¿qué significado tiene mi persona?, ¿soy meramente un accidente?, ¿o soy parte de un tejido hecho por mano del Eterno que me une a otros seres?

Dios no nos deja sin respuesta. Nuestra personalidad individual se realiza en la relación (como el habla). El hombre solo sería una fiera. El matrimonio es la más íntima relación que otorga al hombre su plenitud.

Ante el fracaso de la familia, se plantean distintos tipos de solución.

Una solución radical:
Si fracasa es porque no es una forma adecuada de vida. Los filósofos, desde Platón hasta Lenin tratan de buscar una forma de vida en que las responsabilidades se cedan al Estado.

La sicología por su parte trata de ayudar:

1. No ir con mente negativa, ni pensar que ha de fracasar.

2. Considerar la vida de la mujer y no como "La casa de las muñecas".

3. Ir creando con paciencia una comprensión mutua.

4. Tener detalles: Dar las gracias, obsequios, no recriminar sino ensalzar.

Son consejos sanos, pero no van a la raíz de la cuestión.
Nos preguntamos si la fe tiene algo que contribuir. La respuesta es positiva, porque hay unas leyes o principios en la vida cristiana que inciden en otras esferas de la vida y naturalmente del matrimonio.

I. LA LEY DEL AMOR. Juan 3:16

A. Pensamos en Dios como Poder Supremo o Primera causa, pero eso no significa mucho, lo más importante es que nos comunica su amor. Para esto nos ha creado.

B. "Ha dado": el amor consiste en dar.
Jesucristo no ocupó su corto ministerio en exaltar una idea, sino que se transformó en un nuevo tipo de humanidad.

1. Parecía que la bondad no fuese admirable sino alcanzable.

2. No se dirige a los iniciados, sino a personas ordinarias.

3. Tiene una palabra de comprensión y de ánimo para cada uno.

4. Anuncia un misterio: para ganar la vida hay que entregarla.

C. El dio su vida: EL CALVARIO.

1. El que imparte amor, se enriquece. El que ama aumenta su felicidad. Más bienaventurado es dar, que recibir.

2. La palabra amor puede interpretarse de muchas maneras, las más frecuentes: instinto o egoísmo.
La interpretación de Dios es "dar".

3. Puede aplicarse este principio a la vida del matrimonio. El amor nace del más profundo impulso del yo personal; es el más íntimo deseo de comunicación entre dos seres personales, entre dos libertades.

II. LA LEY DEL PERDON. 1 Juan 1:8, 9

A. La conciencia de pecado es una de las cosas más evidentes en la mente humana.
Ninguna creencia halla un consenso más extendido. Donde hay seres humanos hay la convicción de que algo no va bien.

1. En la temprana historia: sacrificios, lavamientos.

2. Pero el hombre actual siente su fracaso.

B. Para acercarse a Dios el camino es empezar reconociendo este hecho. "Si confesamos."

C. En el matrimonio: no hay herida que no pueda curarse con una buena charla. Discute con deseo de remediar el problema, pero si te peleas recuerda el viejo consejo de hacer las paces antes de dormir.

D. En el matrimonio no existe el "pecado imperdonable".

III. LA LEY DE LA ESPERANZA. 1 Pedro 1:3

A. El calvario había dejado una sombra negra.
   La resurrección es victoria sobre la muerte.
   La esperanza cristiana se proyecta en el futuro.
   1. Porque posee medios de triunfo.
   2. Porque está en manos de un Dios amante.
   3. Porque la muerte está sorbida.
   4. Porque al mundo le aguarda el establecimiento del reino.

B. En una crisis matrimonial hay esperanza cuando Dios está allí.

Conclusión

"Sé fiel hasta la muerte y yo te daré la corona de la vida."

El hijo pródigo volvió un día porque tenía hambre y podía acordarse de los guisados que le ponía su madre.

Pero seguramente sintió también hambre de amor y sabía que allí lo encontraría. Pensó primero en pedir perdón con la seguridad de que su padre tendría comprensión, porque ya muchas veces lo había vivido. Emprendió el camino lleno de esperanza.

Feliz el hogar que, aunque produzca algún hijo pródigo, le haya dado tal ambiente que puede producir en el corazón de los hijos el arrepentimiento.

Sindulfo Díez-Torres

TOMAD MIEL PARA EL CAMINO
Génesis 43:11

Introducción

El texto que nos servirá de inspiración para desarrollar el pensamiento que quisiera que os acompañara en este día se encuentra en Génesis 43:11, 12.

La circunstancia es harto familiar para quienes conocen la historia de José. Sus hermanos van a Egipto en busca de alimentos. Cuando regresan con sus sacos llenos de trigo se encuentran con la sorpresa de que en la boca de los costales se halla el dinero. Ahora deben volver a Egipto para conseguir más alimentos y, por supuesto, devolver el dinero que seguramente fue puesto allí por equivocación.

1. Deben recorrer un largo camino.

2. Deben hacerlo juntos.

3. Su padre Jacob les recomienda que lleven un poco de miel.

En esta circunstancia se parecen a vosotros:

1. Debéis emprender un largo camino.
2. Debéis hacerlo juntos.
3. Quisiera pediros que tomaseis un poco de miel.

I. EL CAMINO

A. La vida es un camino por el que pasamos una sola vez: los diferentes trechos no se repetirán jamás.
Cada momento es una oportunidad que Dios nos otorga y debemos vivirla intensamente.

B. El camino no conviene hacerlo demasiado rápido. Es verdad que tenemos ansia por llegar a la meta, pero si corremos no tendremos oportunidad de contemplar lo que hay a los lados.

1. Las autopistas favorecen la velocidad, pero roban la oportunidad de contemplar parajes nuevos.
Los caminos antiguos con sus cuestas y recodos nos invitaban a contemplar el paisaje y descansar.

2. Cuando Jesús quiere definirse a sí mismo no usa el símil de una meta sino la vida y el camino.

C. Es verdad que el camino es desconocido, no sabéis:

1. Cuál será vuestro futuro.

2. Cuántos hijos tendréis.

3. Si surgirá algún contratiempo grave o alguna enfermedad.

4. Ni siquiera si seréis felices.

D. Pero una cosa puedo aseguraros: el camino es un encuentro entre el cielo y la tierra.

1. Ofrece la solidez del pavimento.

2. Es una invitación para avanzar.

3. Evoca la esperanza de un más allá.

Aunque el camino se estreche, aunque haya lluvia, ardiente sol o espesa niebla, si Jesús está en vuestro corazón, estáis en la mejor disposición de emprender vuestro camino.

II. JUNTOS

A. Ahora bien, hay una circunstancia muy especial, vosotros habéis decidido recorrer este camino juntos:

1. Esto no es algo que se entienda por sí mismo.

2. Uno puede ser un caminante solitario: nada hay en contra. Hay quien prefiere sólo detenerse a conversar con los demás y luego seguir su camino solo.

B. Pero el matrimonio es la decisión que toman un hombre y una mujer de caminar juntos.

1. La primera cosa que hay que hacer es acomodar el paso. Seguramente él puede dar zancadas más largas, pero sería una falta de consideración.
También puede uno hacerse el remolón.

2. Andar juntos tiene muchas ventajas:

a. Se hace más deleitoso el camino.
b. Cuando uno se cansa, el otro puede tomarle del brazo.
c. Cuando uno se desanima, el otro puede darle ánimo.

C. Pero desgraciadamente hay muchos matrimonios que aun viviendo en una misma casa parecen andar cada uno por su lado. No hay verdadera comunicación.

1. Juntos significa:

a. Un mismo amor.
b. Desarrollo de unos mismos intereses.
c. La corona: una misma fe.

III. MIEL

Y ahora que habéis decidido emprender el camino juntos, hacedme el favor de tomar un poco de miel para el camino.

A. Porque la miel es dulzura.

1. Una palabra blanda, un corazón amoroso, un gesto cordial. Un poquito de miel puede endulzar los días tristes y amargos.

2. Un poco de dulzura de esos ojos tiernos de Lidia pueden aplacar un momento de inquietud de él.

3. Cuando algo sabe agrio, ponedle un poquito de miel.

a. Se decía de Platón que las abejas habían depositado miel sobre sus labios, por eso las palabras que brotaban de ellos poseían la maravillosa dulzura, la sustancia luminosa y el perfume sutil y penetrante que mana del genio.

b. El salmista que se deleita en la Palabra de Dios, dice: es más dulce que la miel tu ley al paladar.

Nuestra civilización ha ido dejando a un lado el aprovechamiento de las extraordinarias propiedades de la miel que los antiguos egipcios, griegos y judíos ya conocían.

B. Como alimento.

1. Posee hidratos de carbono necesarios al organismo.

2. Facilita la digestión y regula la acidez gástrica.

3. Se ha demostrado que los atletas que toman miel en vez de azúcar, rinden más.

C. Como medicina.

1. A través de los tiempos se ha utilizado con éxito para:

a. Cicatrizar heridas.
b. Curar úlceras.
c. Remediar escoceduras y todo tipo de irritaciones.
d. Como remedio contra el envejecimiento, como elixir de la vida.

2. ¿No es maravilloso?
Cuando surge la irritación o el cansancio, ponedle un poquito de miel.

3. En una de las pirámides de Egipto han descubierto una jarra de miel que fue puesta allí hace 3.300 años y todavía conservaba su aroma.

• Si a vuestro amor le ponéis un poquito de miel, conservará su aroma por largos años.

D. Como regalo.

1. Pero ante todo la miel es prueba de un milagro de transformación de lo rutinario e inútil en un precioso regalo.

2. En contraste con las plantas, no necesita cultivo, la naturaleza nos lo ofrece generosamente.

3. Las abejas se posan en las flores. Las flores destilan un néctar que es para ellas como para nosotros el sudor, no le sirve para nada.

4. Las abejas transforman el néctar inútil en rica y dulce miel. ¿Y si la flor es tóxica? La abeja tiene el instinto de no posarse en plantas tóxicas. No fabrican el veneno que emponzoña la vida.

- El hombre algunas veces hace lo contrario, se detiene solamente en lo que es tóxico para convertirlo en veneno. Si la miel es pura no hay peligro de envenenarse.

Conclusión

1. Que Dios ilumine vuestro camino.

2. Que permanezcáis juntos hasta que la muerte os separe.

3. Y por favor, tomad un poco de miel.

(El pastor debe efectivamente entregar un tarrito de miel.)

Sindulfo Díez-Torres

VIGAS DE CEDRO Y ARTESONADO DE CIPRES
Cantares 1:17

Introducción

Arbol genealógico. ¿Cuánto crecerá? ¿Cuántas ramas? ¿Cuántos frutos? Hoy comenzáis vuestro árbol genealógico, ¿cómo será? Hoy comenzáis a construir vuestro hogar. Casa y casado van juntos y la Biblia nos aconseja sobre los materiales que debemos utilizar para hacer una buena construcción. Recomienda precisamente dos árboles: Vigas de cedro y artesonado de ciprés.

I. CEDRO

Arbol de gran altura, 34 metros; fuerte, corpulento, 14 metros; incorruptible, suele durar unos 3.000 años.

A. *Alto*. Isaías 2:13; Amós 2:9.

1. Mira hacia arriba. Busca la altura. Tened interés en las cosas superiores, en los pensamientos nobles, en las acciones dignas.

2. Ocupaos en lo que vale la pena, del resto no hagáis mucho caso. Que no gobierne vuestra vida la lavadora, la mantelería, las alfombras, el coche; sino la fe, la esperanza, el amor; la buena voluntad, la confianza, el cariño.

3. Arriba, pensad lo más excelso. En la altura el panorama es más hermoso, la atmósfera más pura. Se respira mejor, se siente uno más feliz.

B. *Fuerte*. Salmo 29:5; Isaías 9:10 (Las águilas).

1. Las vigas tienen que soportar todo para que la casa no caiga.

2. Su fortaleza la logran por las tempestades y porque sus raíces se hunden en el monte Líbano.

3. Fuerza de vida interior. Las raíces en el fondo de la tierra. Las vigas ocultas por el tejado; pero manteniendo la estructura de la casa.

C. *Util*. 2 Samuel 5:11; 1 Reyes 6:9-20.

1. Es una madera fuerte; pero fácil de trabajar. Se usaba en la construcción de templos y palacios; Nabucodonosor hizo de cedro la cámara de oráculos; David acopió esta madera para el templo.

2. El fin del matrimonio es compañía, ayuda, servicio.

D. *Aroma*.

1. El cedro se caracteriza por su aroma. Este es semejante al del pino doncel, pero más penetrante. Tanto el tronco como los conos que brotan de sus ramas destilan fragancia, una resina suave que se compara al bálsamo de la Meca. La resina es abundante y cuanto más sopla el viento, más lejos alcanza su aroma.

2. Las alacenas de las despensas y los cofres, se construían de esta madera y cada vez que se abría un cajón o una puerta, un perfume de grato aroma salía de ellos.

3. La invitación está clara. Que vuestra casa se monte sobre vigas fuertes, aromáticas, para que cada vez que soplen vientos contrarios, vuestra casa responda con el perfume de vuestra edificación.

4. Las vigas de cedro se conservan limpias al cabo de los años. No les ataca la carcoma. ¡Qué no os muerda la envidia, el enojo, la vanidad, las dificultades. Siempre incorruptibles, dispuestos a responder con bendecido aroma.

II. CIPRES

Aunque el ciprés también es alto y fuerte, vamos a seguir la figura del texto que lo recomienda para la decoración, para crear ambiente y belleza en el hogar.

A. *Artesonados - adornos.*

1. Son las tablas que cargan sobre las vigas. Talla y ajuste de maderas haciendo dibujos. Ejemplos: La Alhambra, los Reales Alcázares.

2. Destaca la belleza; pero también el trabajo artesanal, la obra de paciencia, el gusto. En realidad, sólo así se consigue llenar de belleza el matrimonio. Hay que cuidarlo con paciencia, con amor, con detalles de gusto. La madera de ciprés es más fuerte todavía que la del cedro y, precisamente, es la que se recomienda para construir los detalles de adorno, para manifestar el buen gusto, la fuerza creativa. Por su dureza requería más habilidad, más cuidado y paciencia.

3. Se coloca en el techo, como indicación de que los que miran al suelo no lo ven, como tampoco ven el cielo.

B. *Embarcaciones o la aventura.*

1. De ciprés se hacían los barcos más estables. La nave es una figura de aventura. Un barco que se separa de tierra y se aleja mar adentro.

2. Se separa de los demás y acomete con valor el riesgo, la aventura. Frente a las olas, vosotros, separados de los demás, vais a vivir vuestra aventura, ¿cómo será? Qué importa si cada uno rema hacia adelante. La acción unida para descubrir los misterios que la vida os depare.

C. *Instrumentos musicales o la alegría.*

1. Para esto se utilizaba también.
   La figura indica que la vida precisa de música, canto, alegría.
   Cuando haya dificultades recordar:

2. La música vuestra tiene que ser melodiosa. Saber poner humor en la vida, ilusión. Tomar una postura positiva y ver los inconvenientes con ilusión y optimismo es, sin duda, una gran ayuda para el triunfo.

Conclusión

Ambos árboles son fuertes, incorruptibles —no les ataca la carcoma y están llenos de aroma. Herido da perfume.
La casa que edificáis vais a habitarla vosotros. Será como vosotros la vayáis haciendo.
El cedro tiene unos 14 metros de grueso, el ciprés entre 12 y 21; pero en Santa María de Tube, Oaxaca, hay un ciprés de 45 metros de circunferencia. Parece que son varios árboles que se han fundido en uno solo. Así es vuestro enlace y tal vez vuestro árbol genealógico.

Alfredo Mira

LO ULTIMO, PERO LO MEJOR
Juan 2:1-11

Propósito

Llevar a los oyentes, cónyuges y participantes, a encarar la realidad matrimonial como una ocasión cuando, más que nunca, necesitan la presencia divina.

Introducción

1. El contexto de este pasaje.
   a. Es exactamente después de que Jesús escogió a sus primeros discípulos (Juan 2:1).
   b. Es el comienzo del ministerio terrenal de Jesús (2:11).
   c. Es para el beneficio de sus discípulos (2:11).

2. La ocasión histórica.
   a. Es la celebración de una boda.
      (1) La importancia dada a una boda en la sociedad palestina.
          (a) Los arreglos matrimoniales entre familias.
          (b) El tiempo de noviazgo (compromiso).
          (c) La ceremonia nupcial.

      (2) Los ritos ceremoniales.
          (a) Los siete días de fiestas.
          (b) El miércoles, el día oficial de la boda.
          (c) La participación de los convidados.

   b. Es, posiblemente, una boda en la familia de Jesús.
      (1) Lo que dice la tradición (Eran las bodas de Juan, hijo de Salomé, hermana de María, la madre de Jesús).
      (2) Lo que revela el pasaje.
          (a) María tenía parte directa en las festividades (Juan 2:1).
          (b) María tenía acceso a los pormenores (2:3).
          (c) Jesús había sido invitado con sus discípulos (2:2).
      (3) Los acontecimientos no planeados.
          (a) La falta del vino (2:3).
          (b) La solicitación hecha a Jesús (2:3).
          (c) La implicación del diálogo entre Jesús y su madre (2:4, 5).

3. El milagro realizado y comprobado.
   a. Las seis tinajas usadas para el ritual (2:6).
   b. La orden de Cristo a los siervos (2:7, 8).
   c. La reacción del maestresala (2:9, 10).

4. Los hechos de esta historia que necesitan ser considerados:

I. LA PRESENCIA DE JESUS EN LA OCASION FUE POR INVITACION
   A. Las Escrituras así lo afirman (Juan 2:2).
   B. Las realidades no se han cambiado.
      1. Jesús actúa de la misma manera hoy (Apoc. 3:20).
      2. Su constante presencia en un hogar no es automática.
   C. La oportunidad de tenerle como invitado.

II. LA PRESENCIA DE JESUS FUE PROVIDENCIAL
   A. El embarazo que los novios hubieran sufrido sin la presencia de Jesús.
      1. La hospitalidad en el medio-oriente siempre ha sido una responsabilidad sagrada.
      2. Fue para salvar a una simple familia de Galilea que Jesús estuvo presente.
   B. La actuación de Jesús en Caná fue consecuente con su manera de ser.
      1. Cada historia bíblica enseña no solamente lo que Jesús hizo una vez, sino lo que siempre ha hecho.
      2. Su manera de ser es incambiable (Heb. 13:8).
   C. La presencia de Cristo en un matrimonio garantiza que las necesidades futuras serán provistas.

III. LA PRESENCIA DE JESUS RESULTO EN UN GRAN MILAGRO
   A. La conversión del agua en vino (Juan 2:7-10).
   B. Los discípulos creyeron en él (2:11).
   C. Las vidas matrimoniales son expresiones de verdaderos milagros.
      1. Un hombre y una mujer, con sus diferencias, se tornan una sola carne.
      2. Un período de desastre es transformado en gozo y vitalidad.
   D. Las ventajas ofrecidas por Jesús.
      1. Sus fuentes son inagotables.
      2. Su presencia es permanente.

Conclusión

   1. Los milagros son hechos para llevar a los participantes a que crean.
   2. El milagro que testificamos en un matrimonio es para que los cónyuges puedan mostrar el poder de Dios.

3. Una invitación sincera a que Jesús venga a las vidas de los cónyuges, puede ser lo último que harán en sus vidas de solteros, pero también será lo mejor.

Geriel S. De Oliveira

UNA VERDADERA DEVOCION
Rut 1:15-17

Propósito

Guiar a los oyentes a comprender que cuando hay una verdadera unión espiritual entre los cónyuges, y hay un eslabón religioso entre ellos, hay también una verdadera devoción conyugal.

Introducción

1. Los antecedentes del pasaje, narrados en el libro de Rut.
   a. Noemí y sus sufrimientos en tierra ajena (1:1-5).
   b. Noemí decide regresar a su pueblo (1:6).
   c. Noemí insiste en que sus nueras regresen a sus casas (1:7-13).
   d. Orfa obedece a su suegra, mientras que Rut no lo hace (1:14).

2. El pasaje en su contexto.
   a. Noemí intenta convencer a Rut de que regrese a su casa (1:15).
   b. Rut prueba su devoción (1:16, 17).

3. La relación de este pasaje con matrimonios.
   a. Ha sido repetido por muchas parejas por años durante las ceremonias religiosas matrimoniales.
   b. Es el contenido o las ideas inherentes que tienen valor intrínseco, y no el contexto.
   c. La devoción enseñada por Rut puede servir de ejemplo a cónyuges en nuestros días.

I. RUT ENSEÑO UN APRECIO POR LA RESPONSABILIDAD DE SEGUIR EN UNION

"No me ruegues que te deje, y me aparte de ti, porque a dondequiera que tú fueres, iré yo..."

A. La responsabilidad que una pareja tiene de entender que la unión matrimonial es para siempre.

B. La enseñanza bíblica sobre esta responsabilidad (Mateo 19:5, 6). "Lo que Dios juntó, no lo separe el hombre..."

C. Implicaciones prácticas de esta responsabilidad.

II. RUT ENSEÑO UNA VOLUNTAD DE SUBORDINAR SU CULTURA, FAMILIA E IDEALES PERSONALES POR LA PERSONA AMADA

"Tu pueblo será mi pueblo..."

A. La unión conyugal trasciende nuestra cultura.

B. La unión conyugal es la formación de una nueva entidad social (Mateo 19:5).
 1. Una nueva unidad monógama.
 2. Una separación de las influencias paternas directas (Génesis 2:24).

C. La unión conyugal es basada en respeto mutuo, y no en el cumplimiento de deseos personales.
 1. Dándose mutuamente (1 Corintios 5:7).
 2. Buscando los intereses uno del otro.
 3. Honrandose mutuamente (1 Pedro 3:1-7).
 4. Poniendo el amor en primer lugar (Efesios 5:25).

III. RUT SE DIO CUENTA DE QUE EL ESLABON QUE UNE A DOS PERSONAS SOLAMENTE ES FUERTE CUANDO HAY BASES ESPIRITUALES COMUNES

"Y tu Dios será mi Dios..."

A. El consejo paulino, "No os juntéis en yugo con los infieles..." (2 Corintios 6:14).

B. La unidad de la fe es esencial para el mantenimiento del hogar.

C. Es solamente cuando hay unidad religiosa que los cónyuges pueden seguir instrucciones religiosas.

Conclusión

1. Rut, la moabita, fue galardonada por su decisión.
 a. Ella vino a ser la bisabuela del rey David (Rut 4:20-22).
 b. Ella es mencionada en la genealogía de Cristo (Mat. 1:5).

2. Hay ricos galardones para aquellos que siguen el ejemplo de Rut.
 a. Tienen una guía a seguir en la formación de su hogar, la Biblia.
 b. Tienen algo en común que es permanente, el señorío de Cristo.
 c. Tienen una promesa de que serán victoriosos, "Lo que Dios juntó, no lo separe el hombre".

Geriel S. De Oliveira

LAS BODAS EN CANA DE GALILEA
Juan 2:1-12

Introducción

Vamos a referirnos a uno de los pasajes más conocidos de las Escrituras, en el que aparece nuestro Señor Jesucristo al iniciar su ministerio mesiánico participando de unas bodas que, de acuerdo con el relato que nos ofrece el apóstol Juan, se llevaron a cabo en aquella región de Palestina. Este primer milagro afirma la fe de sus discípulos. Es posible que unos días antes el Señor Jesucristo tuviera un encuentro con Natanael, y al tercer día participara de aquellas bodas, que no solamente venían a ser una oportunidad para todos los invitados, sino que dejaría una serie de enseñanzas que hoy podemos hacerlas nuestras.

Hay cuatro lecciones muy importantes que quisiéramos compartir con todos los matrimonios que desean pensar seriamente en lo que Cristo nos quiere enseñar a todos.

I. CRISTO ESTUVO PRESENTE

A. Esta es la primera lección que tenemos que aprender. Para que se opere una transformación en la vida de una pareja y en todos los hogares presentes, es necesario que Cristo ocupe un lugar en nuestra vida.

B. La tragedia del hogar moderno consiste precisamente en la ausencia de nuestro Señor Jesucristo, ya que la presencia de él fortalece la convivencia familiar. Estar presente significa seguridad. Es importante poder entender que nuestro Señor Jesucristo no opera por control remoto ni por medio de computadoras, y mucho menos por oprimir botones electrónicos. Nuestra llamada civilización falla precisamente por la ausencia de la presencia personal de nuestro Señor Jesucristo.
Creo que es oportuno pensar en la importancia de que el divino Maestro ocupe un lugar de preferencia en nuestra familia.

C. Decimos muchas veces que Cristo es el oyente silencioso y el presente ausente de nuestra familia, eso es precisamente lo que causa la tragedia del hogar.

II. ESTUVO PRESENTE PORQUE FUE INVITADO

A. No participó por accidente y menos por casualidad. Recibió una invitación personal y participó. Es necesario que todos los hogares entiendan que para que nuestro Señor Jesucristo se haga presente tiene que ser invitado.

B. Cristo acepta la invitación y participa de una fiesta familiar. Su presencia santifica todas las relaciones, todos los sentimientos y todas las alegrías. Nada humano le es extraño. Es en este santuario familiar donde hará su primer milagro y manifestará su gloria.

C. Aprendemos que Cristo es respetuoso de la intimidad familiar y sólo participa en la conciencia y en la voluntad del hogar cuando se le invita a entrar. El no entra violando puertas o cerrojos, y mucho menos por ventanas semiabiertas. Si no entra en nuestra vida familiar por invitación expresa, no entrará. Cristo no es un Cristo de imposiciones groseras.

D. Cuando nuestro Señor Jesucristo vivió en este mundo esos fueron los términos usados por él. Muchas veces dijo: "Si alguno oyere mi voz... yo entraré a él, y cenaré con él, y él conmigo."

E. Si alguno "oye" y escucha mi voz... en esta forma Cristo manifiesta su respeto a la intimidad familiar. Si Cristo va a estar presente en nuestra vida será por invitación expresa de todos los que estamos presentes.

F. Se me ocurre pensar que aquellos jóvenes que estaban dando sus primeros pasos en la vida familiar, se dieron cuenta de que Cristo no tenía una tarjeta de invitación personal, entonces decidieron invitarlo. ¿Que diría aquella tarjeta de invitación?, ¿qué palabras escribieron para que el Rey de reyes y Señor de señores fuera invitado? No lo sabemos, pero entendemos que por invitación Cristo honró el matrimonio que Dios había instituido.

III. FUE INVITADO PARA RESOLVER UNA NECESIDAD

A. Muchas de las necesidades que se presentan en la vida familiar son parte de nuestro diario vivir. Algunas veces tenemos todos los recursos para resolverlas, otras veces no.

B. Necesitamos aprender que en la vida familiar no existen recursos humanos para hacer frente a todas nuestras necesidades. No existe dinero, ni estudio, ni inteligencia que nos permita enfrentarnos con todas las necesidades de una familia. Los matrimonios y las personas que tienen una experiencia de hogar saben que esto es cierto. Existen situaciones en donde únicamente nuestro Señor Jesucristo puede intervenir, y si él no está presente, será imposible salir adelante.

C. Es cierto que Cristo con su presencia honró aquel matrimonio, pero igualmente cierto es que, al estar presente, podía resolver una necesidad: "No hay vino". Y no tenían vino, porque se había agotado el vino de la boda. Como los invitados eran numerosos y entre los judíos las bodas duraban varios días, es fácil entender esa circunstancia de que el vino terminó por faltar.

D. Es aquí donde Cristo entra en auxilio de la familia. Se dice que el no haber vino era una vergüenza para el esposo, pero el Señor estaba en condiciones de sacar del apuro a la familia. Cristo se basta a sí mismo para resolver aquella necesidad haciendo uso de los recursos divinos que el Padre había puesto en sus manos. Nuestras crisis, nuestros abismos y nuestras necesidades sólo se llenan y se superan en la abundancia del Señor. Habrá necesidad en todo hogar y en toda familia, mas no importa si Jesucristo está presente por invitación personal. La condición de sacarnos de apuros es una condición divina cuando podemos acudir a la fuente de toda bondad y toda dádiva espiritual.

Recuerde: Cuando Cristo es invitado, se resuelven todas nuestras necesidades

IV. FUE INVITADO PARA DAR ORDENES

A. Cristo de invitado común pasa a dar órdenes, y no sólo se convierte en el principal invitado de la fiesta, sino que se convierte en el Señor de la fuente de toda dádiva.

Notemos que el Señor Jesucristo no acepta ser un invitado más entre muchos invitados. O se convierte en el principal invitado, en el invitado de honor, o no tendrá la oportunidad de decir "qué es lo que tenemos que hacer."

B. Es aquí donde se inicia la tragedia de la familia. Son tantos los invitados que tenemos en nuestra vida hogareña que Cristo se pierde en medio de ellos. Cristo empieza a ordenar nuestra vida, a decir qué es lo que debemos hacer, cuando descubre que le hemos dado el primer lugar. Observemos cuidadosamente el comportamiento de Cristo:

Y estaban allí seis tinajas de piedra para agua. . . en cada una de las cuales cabían dos o tres cántaros. Jesús les dijo: Llenad estas tinajas de agua. Y las llenaron hasta arriba. Entonces les dijo. Sacad ahora, y llevadlo al maestresala. Y se la llevaron.

C. Es aquí donde el Señor Jesucristo se convierte en el dueño de la fiesta de nuestro hogar. Es aquí donde Cristo pasa de invitado común a ser el principal de los invitados. Es aquí donde Cristo se siente en el derecho de dar órdenes y decir qué es lo que se tiene que hacer. Si hace falta vino, éste es un asunto mío, dice el Señor. Y yo podré resolver la necesidad si tengo el derecho de dar órdenes. Cuando invitamos al Señor tenemos que entender que lo hacemos para darle el derecho de dirigir nuestra vida y nuestro hogar. Nuestros caminos familiares estarán seguros en las manos del Señor cuando entendamos que Cristo no es un simple y sencillo invitado, sino el principal invitado con todo el derecho de *dar órdenes*. Invitemos a Cristo al seno familar y démosle todo el derecho que él merece.

Conclusión

¿Qué clase de hogar deseamos tener? ¿Estamos dispuestos por invitación personal a pedir a Cristo que venga a nuestro hogar y a nuestros corazones? Si la familia es una institución divina, ello quiere decir que Dios tuvo sus razones para darle el primer lugar, por lo consiguiente, es también deber nuestro considerar estas cuatro lecciones que hemos compartido y que están registradas en el Evangelio de Juan. Vamos a repetirlas para que queden grabadas en nuestras mentes y corazones:

— Cristo estuvo presente.
— Cristo fue invitado.
— Cristo resolvió una necesidad.
— Cristo fue invitado para dar órdenes.

Adrián González Quirós

LAS BONDADES DEL MATRIMONIO
Proverbios 18:22

Introducción

Cuando Alejandro Dumas, novelista francés del siglo pasado, declaraba que "el matrimonio es una cadena tan pesada que para llevarla hacen falta dos y a menudo tres", manifestaba el concepto tan pobre que existía en su tiempo de la vida conyugal.

Lamentablemente, si desde aquella época este concepto ha cambiado ha sido para empeorarlo. Vivimos en un tiempo en el cual la existencia misma del matrimonio es vigorosamente cuestionada.

Sin embargo, la Biblia continúa declarando las bondades de la vida conyugal.

I. EL MATRIMONIO ES UN MEDIO IDEAL PARA EXPRESAR AMOR

A. Es el medio para expresar el amor adulto en todas sus manifestaciones.

1. En su manifestación filial.
a. Basada en la afinidad e identificación.
b. Basada en la amistad y el compañerismo.

2. En su manifestación corporal.
   a. Restringida al matrimonio como único marco lícito (Gén. 2:24, 25; 1 Cor. 7:3-5).
   b. Expresado como la manifestación más visible del amor.
3. En su manifestación *agape*.
   a. Siendo el amor que afecta la voluntad más que a los sentimientos.
   b. Significándose por buscar la unidad en la diversidad (Gén. 2:24).
   c. Enfatizando el dar antes que el recibir (1 Cor. 13:4-7).

B. Es el medio ideal para demostrar el amor.
   1. La vida familiar es la prueba final de la vida cristiana.
   2. La vida familiar provee las posibilidades de perfeccionar el amor.
   a. Provee satisfacciones.
   b. Provee las mejores posibilidades para superar las adversidades.

II. EL MATRIMONIO ES UN MARCO APROPIADO PARA ALCANZAR LA MADUREZ

A. Para alcanzar estabilidad emocional y aun espiritual.
   1. Satisfaciendo inquietudes naturales.
   2. Respondiendo a expectativas legítimas.
   3. Dando sentido a la expresión: "sentar cabeza".
B. Para la determinación de metas y prioridades en la vida de la pareja.
   1. Manteniendo como prioridad el crecimiento de la relación de la pareja.
   2. Estableciendo criterios para la marcha armónica de la familia (Mat. 6:33).
   3. Creciendo paralelamente con los hijos en las etapas difíciles de su vida.

III. EL MATRIMONIO ES UN ESTADO PERFECTO PARA DISFRUTAR LA VOLUNTAD DE DIOS

A. Dios es el autor de la vida matrimonial.
   1. Creó al matrimonio como primera institución humana.
   a. Antes que a la iglesia.
   b. Antes que a la misma sociedad.
   2. Provee en la pareja el complemento ideal (Gén. 2:18).
   a. En el aspecto emocional (Prov. 5:18, 19).
   b. En el aspecto material (Prov. 31:10-28).
   3. La Biblia define la vida familiar como bienaventurada (Sal. 127-128).
   a. Porque es objeto del interés de Dios (Mat. 19:4-6).
   b. Porque es objeto de las bendiciones de Dios (Prov. 18:22).

B. Dios participa al hombre de sus misterios eternos.
1. El matrimonio ejemplifica la relación de Cristo con su iglesia (Ef. 5:28-32).
   a. Una relación amorosa.
   b. Una relación fiel.
2. En el matrimonio, Dios participa al hombre de sus planes para la humanidad.
   a. Proveyéndole Dios de una simiente con su descendencia (Mal. 2:14, 15).
   b. Dando continuidad a su conocimiento mediante nuestra fidelidad (Gén. 18:17-19).
3. La culminación de la relación escatológica Cristo con su iglesia es definida en términos de matrimonio.
   a. Es la figura más fiel para definir esa relación duradera.

Conclusión

Pese a los problemas y crisis de la institución matrimonial, los propósitos que Dios le dio continúan vigentes. Fue creado para proveer al hombre de edificación, bendición y felicidad.

Cuando se principia la vida familiar no se puede aspirar a alcanzar menos que esto.

Jorge E. Garay

BODA EN EL EDEN
Génesis 2:7, 8, 18, 21-24

Introducción

Cuando miramos a Dios en el Edén, lo vemos haciendo amorosamente dos cosas: crear al ser humano, y a la familia humana con Adán y Eva, siendo ellos los protagonistas felices de la primera unión matrimonial.

El Creador divino, que todo lo hizo bueno, y bien, queriendo lo mejor para todo lo creado, hace notar que la soledad del hombre no puede hacerle completo y dichoso, al menos por dos razones notables.

La soledad haría infeliz, precisamente a la corona de la creación. La soledad del hombre anularía el plan del Trino Dios, para llenar la tierra con su propia imagen y semejanza.

Pero las palabras bíblicas: "No es bueno que el hombre esté solo, haré ayuda idónea para él", no registran ni la imprevisión ni la improvisación, son sólo explicación de sus inmediatos propósitos de compartir su gloria de forma personal con seres racionales.

Bástenos la decisión creadora de Dios para, sin entrar en especulaciones teológicas, meditar este tema nupcial dedicado a vosotros, los novios, y glorificando a Dios en esta ceremonia de bodas.

Hermanos todos, esta dichosa pareja que viene a unir sus vidas en matrimonio, no son Adán y Eva, pero sí son hechos por el mismo Dios: El uno para el otro, a fin de formar un hogar que sueñan muy feliz.

I. MATRIMONIAR ES FUNDIR DOS VIDAS EN UN MISMO Y PERPETUO AMOR

Tratemos un poco lo escrito por Moisés en estrecha relación con lo que os trae este día aquí, llenos de ilusión por el gran deseo que se cumple, y mirando al futuro fuertemente enamorados el uno del otro.

A. En primer lugar, Dios hizo a la mujer del hombre, como "ayuda idónea para el hombre", lo cual no significa, en absoluto, que la hiciera una sumisa esclava personal, y al servicio exclusivo suyo.

B. Cierto que la creó de Adán, pero para ser ambos a imagen y semejanza divina, para realizarse juntos en igualdad, bajo la misma gracia de Dios, y con idéntica finalidad espiritual eterna.

C. Debemos saber o recordar, que la primera pareja humana, varón y hembra fueron hechos, pero no sólo para la procreación como los demás seres animados de la creación, sino para formar una familia unida por los afectos, el común respeto, y la adoración a Dios.

La Palabra revelada enseña así: que matrimoniar es ser una misma carne y una misma mente, para unir sentimientos y pensamientos en una vivencia íntima. Llevada con cariñosa independencia del hogar de los padres para forjar el hogar propio desde el comienzo de esa nueva unión.

II. MATRIMONIAR ES UNIRSE EN EL AMOR PARA AYUDARSE CON PODER

Un positivo complemento al texto de Génesis visto, son los sabios aportes de Eclesiastés 4:9, 10, 12, que vale la pena aplicar en este culto especial, demostrando enfáticamente lo que Dios había afirmado antes: "Dos son mejor que uno" acabando con la soledad de Adán.

A. En el matrimonio, más que en cualquier otra vinculación humana, debe cumplirse aquella máxima, "porque si cayeren, el uno levantará a su compañero; pero ¡ay del solo! que cuando cayere no habrá segundo que lo levante". La figura es clara señalando previsora ayuda para los tiempos malos, que pueden presentarse, por circunstancias ajenas a la voluntad de marido y mujer, pero que Dios llegase a permitir.

B. Como la vida es lucha, aunque sea en noble lid, puede acontecer la necesidad de resistir a un enemigo. "Porque el diablo como león rugiente, anda alrededor buscando a quién devorar", y nada es mejor si una adversidad llega que enfrentarla unidos, el esposo la esposa y Dios, para ser "más que vencedores en Cristo Jesús".

C. No solamente en la adversidad deben, marido y mujer, esforzarse juntos para superar la prueba, también en la prosperidad es la suma de fuerzas la que mantiene el bienestar del hogar sabiamente administrado por ambos. "Mejor son dos que uno; porque tienen mejor paga de su trabajo." Como ya se ha dicho: "Hacedlo todo como si todo dependiera de vosotros dos, y esperadlo todo como si todo dependiera de Dios."

Conclusión

Pasaron miles de años desde las nupcias del paraíso terrenal y esta boda, pero cada pareja cristiana puede hacer de su hogar un Edén porque la bendición del Señor sinceramente pedida y fervientemente esperada será dada.

Hermanos que os desposáis hoy, no queráis ocupar nunca uno el lugar del otro, y eso lo conseguiréis dando a Jesús el primer lugar en vuestras vidas, ello os dotará de mutua comprensión y mayor entrega siempre.

Ya hemos visitado vuestra acogedora casa, procurad hacer de ella el hogar ideal, para ello os ruego que hagáis de Jesucristo, no un visitante sino un huésped permanente. El no consumirá vuestra despensa, y sí alimentará vuestras almas.

Permitidme una palabra a los padres de los novios, a los que digo: los casados casa quieren. No os entristezcáis, pues aunque dejen el hogar paterno, siempre los padres estarán en el corazón de los hijos. Dejadles experimentar su nuevo estado, sin ejercer vuestra "experiencia veterana" para sus decisiones. Si es necesario ayudar hacedlo con discreción y comprensión.

Amados novios, hoy cruzáis ya como un arco triunfal de vuestros sueños y aspiraciones. Dad gracias a Dios por ello, y vivid despiertos y atentos a su voz, así evitaréis los triunfalismos, viviendo realidades que enriquezcan vuestro amor sentimental, y el amor espiritual a vuestro Dios.

Mujer, sé ayuda idónea siempre para él. Marido, que la ayuda idónea de tu mujer, no te haga olvidar tratarla como vaso más frágil dándole a ella el honor que por eso merece, y como dijera el apóstol Pablo: "Cada uno de vosotros ame también a su mujer como a sí mismo; y la mujer respete a su marido."

Y haced de vuestro matrimonio, un trío con Dios, para vivir cantando un feliz dúo, escapando así de llorar un triste duelo.

Que el Señor no sólo presida esta boda hoy, sino vuestras vidas cada día para vuestra felicidad, y la gloria y honra de su nombre.

Ataulfo Simarro.

EL MODELO CRISTOLOGICO
DEL MATRIMONIO
Efesios 5:21-23

Introducción

Nuestro siglo ofrece variados modelos para unirse en matrimonio. América Latina está aquejada de mala salud en la base conyugal de la familia. Circula el modelo jurídico de la monogamia "sin disolución de vínculo"; el de la monogamia con disolución de vínculo. En lo social, circula el modelo de la monogamia estricta para la esposa y la bigamia-poligamia de hecho para el esposo; en menor escala, se da la bigamia de hecho de la esposa (¡Lo justo es justo!, ¿por qué no pagar al varón con la misma moneda?; esto se afirma, pensando defender el derecho de la mujer. . .). En lo jurídico-social existe el modelo del amancebamiento. Es decir que por causa del marco jurídico, hombre y mujer conviven sin respaldo legal ni social; procrean hijos de segunda clase ante la opinión pública y ante el manejo institucional de su país; cuando se abre una puerta, por lo general muy costosa en lo financiero, la atraviesan y se incorporan al modelo normal de su sociedad. Todavía, en lo moral, se ofrece el modelo del "amor libre-matrimonio a prueba", con su corolario de relaciones sexofísicas preconyugales. El principio moral que sustenta a este último modelo es: "Si es por amor, es legítimo." Esto produce desbarajustes tragicómicos en los ambientes domésticos y eclesiásticos: novias de blanco disimulando o mostrando desafiantes el vientre fecundado; sacerdotes y pastores engañados o tildados de "liberales" o de "fanáticos"; abortos; madres solteras solitarias, despreciadas a veces hasta por sus propios familiares, etc. etc.

En la epístola a los Efesios está el modelo bíblico del matrimonio. Lo ofrecemos como un aporte divino a la felicidad conyugal de parejas a formarse, y como medicina para matrimonios enfermos de alguna de las plagas "virales" que emanan de algunos de los modelos referidos. Se trata del "modelo cristológico del matrimonio". ¿Cómo es este un modelo tan necesario?

Para captarlo hay que partir entendiendo el v. 32 del capítulo cinco: el hecho del matrimonio es un misterio que sólo Dios puede revelar a los que temen su nombre; pero el verdadero modelo conyugal es el misterio de la relación de Cristo con la iglesia. He aquí la descripción del modelo:

I. ES UN MODELO BASADO EN EL PRINCIPIO DE LA SUJECION DE LA IGLESIA A CRISTO (vv. 21, 22, 24)

A. La mujer cristiana se sujeta a su marido porque así lo ordena el Señor de la iglesia (v. 21: ". . . en el temor de Cristo" es el principio maestro de toda la vida cristiana).

B. La mujer cristiana se sujeta a su marido según el modelo de la sujeción de la iglesia a Cristo (v. 24). Cuando la voluntad de seguir sujeta al marido se debilita, el amor obediente a Cristo la refuerza, v. 21).

C. Sujeción significa fidelidad a su marido en contra del adulterio (v. 22. Literal: "Las casadas (sean) sólo a sus *propios* esposos. . ." El adulterio de iniciativa femenina era tanto o más común en el tiempo de Pablo que en el nuestro, como lo atestigua Séneca).

II. ES UN MODELO BASADO EN EL PRINCIPIO DEL GOBIERNO CONDUCTOR DE LA IGLESIA (v. 23)

A. El esposo es la cabeza de la esposa, *así como* Cristo es cabeza de la iglesia (23a).

B. Como cabeza de la iglesia, Cristo no sólo la gobierna o dirige, sino que también la salva, la sana; la libera de toda opresión (23b. La Biblia no apoya el machismo político).

III. ES UN MODELO BASADO EN EL PRINCIPIO DEL AMOR-AGAPE DE CRISTO POR LA IGLESIA (vv. 25-29)

A. Cristo no es un consumidor de la iglesia, sino un esposo que le entregó su vida como prueba de amor; *así* deben amar a sus esposas los esposos (v. 25).

B. Los esposos paganos amaban a sus esposas según el principio del orgullo social y el *amor erótico:* ser felices por medio de ellas. Los esposos cristianos deben amar a sus esposas según el modelo de amor-agape: pagar el costo de hacerla feliz, e incluso hasta dar la vida por ella (v. 25: ". . . así como. . . Cristo amó a la iglesia y se entregó a sí mismo por ella")

IV. ES UN MODELO BASADO EN EL PRINCIPIO DE LA DIGNIDAD PERSONAL Y SOCIAL (vv. 26-28a).

A. Cristo hizo todo lo posible para que la iglesia sea una novia virginalmente limpia, para felicidad de ella misma en su ambiente social (v. 26). Las novias de la sociedad griega eran purificadas en un río sagrado, como parte de la celebración de su boda; Jesucristo purifica con la Palabra (verdadera, limpia y poderosa como un torrente) a la iglesia, y simboliza esa limpieza con el bautismo de ingreso a su cuerpo, la iglesia, de los miembros en particular (ver Juan 17:17; 15:3; Ef. 5:26).

B. Cristo es un esposo absolutamente digno; no se conforma con menos que con una esposa gloriosa (plena de prestigio), sin la más mínima sombra de mancha moral (v. 27). Pero tengamos cuidado, aquí se trata de la iglesia para "las bodas del Cordero", al final de la

historia. Es evidente en todo el N.T. que la iglesia real está en
proceso de santificación; es sólo la novia en preparación para la
fiesta escatológica de bodas.

C. *De esta manera*, los esposos deben conseguir y mantener la
dignidad personal y social de sus esposas (v. 28a).

V. ES UN MODELO BASADO EN EL PRINCIPIO DE IDEN-
TIDAD (vv. 28b-31)

A. La identidad requiere independencia y autonomía individual y
social (v. 31).

1. Para ser de Cristo, el creyente debe renunciar a toda otra
lealtad espiritual, incluso a los seres de la misma sangre
si fuere necesario.

2. En el caso del matrimonio, el esposo debe "romper el cordón
umbilical", paterno y familiar, para unirse a su esposa.

B. La identidad entre la esposa y el esposo, según Cristo, los hace
solidarios en el amor conyugal, en el sustento físico y en el cuidado
constante (vv. 28b, 29, 30, 31— ". . . y serán los dos una sola carne"
implica la unión existencial total: sexofísica, socioeconómica,
sicológica, cultural y espiritual, en profundidad. Por eso, es
preferible que los esposos compartan también las mismas fuentes
religiosas-espirituales—).

Conclusión

Como hemos visto, el modelo cristológico del matrimonio está
basado en cinco principios preciosos. Como los cinco dedos de la mano,
que en nuestra cultura occidental porta la sortija-símbolo del privilegia-
do estado conyugal. Los novios que aspiren a unirse 'hasta que sólo la
muerte los separe', que acepten el señorío de Cristo en sus vidas, que se
integren a la "novia-cuerpo" de Jesucristo, la iglesia, por medio del
bautismo en agua, testimonio de que han sido limpiados por la Palabra
del evangelio. Sólo así obtendrán la garantía de convivir una feliz
aventura en el misterio grande que es el matrimonio cristiano.

Jóvenes parejas: adoptad el modelo de la relación de Cristo con la
Iglesia antes de entrar en la senda conyugal, que sin Cristo los puede
conducir a una engañosa desgracia. Entonces vuestro hogar será
semejante a una mano ensortijada con oro, cuya sortija será más bien su
pacto de fe y amor con el Señor, el esposo de la Iglesia.

Ilustración

Una cabeza no machista (sobre Efesios 5:23ss.).

Una novia, poco antes de casarse, le dijo a su pastor que ella no
estaba de acuerdo con eso de que "el marido es cabeza de la mujer", pues
todo el mundo está de acuerdo en que esposo y esposa son iguales

delante de Dios y ante la sociedad. "Esto es machismo", agregó Rebeca.

Entonces el pastor le respondió:

"Rebeca, sigue leyendo el resto del versículo 23 y los otros que siguen: 'así como Cristo es cabeza de la iglesia, y él mismo es salvador de su cuerpo (es decir, salvador de la iglesia)". Fíjate en el v. 25: ". . . así como . . . Cristo amó a la iglesia. . ."; v. 26: "a fin de santificarla, habiéndola purificado. . .; v. 27: "para presentársela. . . una iglesia gloriosa. . ."; v. 28: "De igual manera, los esposos deben amar a sus esposas. . ."; v. 29: ". . . a su propio cuerpo; más bien lo sustenta y lo cuida, tal como Cristo a la iglesia. . .". Luego de releer la Palabra, el pastor preguntó: "¿Te das cuenta del papel de la cabeza en el matrimonio, según Cristo?" Y agregó: "La cabeza tiene el asiento del sentido de la dignidad, pureza y prestigio de la esposa, la cabeza tiene la boca a través de la cual el cuerpo recibe el sustento cotidiano, la cabeza tiene los ojos para admirar la hermosura de la esposa, para luego dejar salir de la boca palabras de amor y de alabanza hacia ella, la cabeza tiene los oídos para escuchar la voz de la esposa y para oír el ruido del león o de otros peligros, pues él "la cuida", 'tal como Cristo a la iglesia'. Fíjate, novia cristiana, que Pablo resume todo esto en el v. 23: Como cabeza de la iglesia, Cristo es el salvador (sanador, liberador, solucionador de todo problema) de su cuerpo (de su iglesia). ¿No te gustaría tener un esposo-cabeza de tu eterno femenino, así como la Biblia te lo ofrece?" Fue la pregunta final del pastor. La novia había dejado de lado su ceñuda e inquieta actitud. . . y respondió: "¿Eso enseña Pablo?" "¡Ese no es un esposo machista!"

Precisamente, novios y novias, Jesucristo no es una cabeza 'imperialista o dictatorial' de la iglesia; él es el modelo de gobierno de la familia. La Biblia rechaza una cabeza machista de la esposa, el precioso cuerpo del matrimonio.

Oscar Pereira G.

LA AYUDA IDONEA
Génesis 2:15-25

Introducción

En el mundo de Dios es normal que haya parejas. En lo eléctrico hay polos positivos y negativos. El agua se compone de hidrógeno, que se quema, y de oxígeno, que alimenta el fuego; juntos apagan la mayoría de los fuegos. La sal común se compone de dos venenos: cloro y sodio. Noé llevó al arca animales en parejas. El hombre es superior, pero tiene muchas de las mismas características. Por ello, cuando creó al varón, Dios mismo estimó que esa obra no estaba completa.

I. ¿POR QUE SE HIZO ALGO MAS?

El hombre tenía consigo a otros seres, pero aún le faltaba: "No es bueno que el hombre esté solo" (v. 18).

II. ¿QUIEN FUE EL QUE LO HIZO?

Fue Dios; él es el autor del matrimonio. Dijo: "Le haré." Dios nos dio el sexo y reconoce la santidad del matrimonio. Por eso no debemos dejar que el sexo sea tema de chistes cuestionables. Es algo sagrado y es el medio para la continuación de la especie (1:28). Véanse Hebreos 13:4; 1 Timoteo 5:14 y Marcos 10:9.

III. ¿QUE NECESITABA EL HOMBRE? "Ayuda"

A. El hombre tenía muchas cosas a su favor: plantas, animales, un ambiente agradable en Edén.

B. Pero el hombre fue hecho para vivir en sociedad; para cumplir el propósito de Dios (1:28; 2:8, 15) precisaba ayuda (2:20), un complemento.

C. Necesitaba amar, ser amado, compartir, tener compañerismo, consejo íntimo y prole (Jer. 29:6).

IV. ¿QUE CLASE DE AYUDA?

"Idónea", cuya traducción literal del hebreo es "una ayuda correspondiente a él"; es decir, de la misma clase. El diccionario *El Pequeño Larousse* dice que "idóneo" significa: "conveniente, propio para una cosa". Después Adán lo expresó muy bien: "hueso de mis huesos y carne de mi carne", para quien dejaría a su padre y a su madre para unirse a ella (2:23, 24). Con ella ha de tener unidad en el trabajo, pensamiento y sentimiento (Mat. 19:5, 6).

Conclusión

En Proverbios 18:22 se resume muy bien la situación, si un matrimonio realmente es de Dios: "El que halla esposa halla el bien, y alcanza el favor de Jehovah."

Ilustración

Hemos visto una joya, o más bien dos joyas, que al juntarlas, forman un corazón. Dos novios o dos amigas llevan su mitad alrededor del cuello. Algo así debe ser el matrimonio: ni una mitad ni la otra es completa de por sí, pero unidas encontramos lo acabado.

Cecilio McConnell M.

TRES ASPECTOS IMPORTANTES ACERCA DEL MATRIMONIO

Introducción

1. El matrimonio es un misterio, Efesios 5:32.
2. El éxito y la felicidad en el matrimonio, Deuteronomio 12:28.
3. El matrimonio es un ministerio, 1 Corintios 7:5; Deuteronomio 11:18-21.

Entendemos por matrimonio: la unión de un hombre y una mujer en pleno uso de sus facultades mentales y volitivas. Quienes, habiendo establecido una relación previa de amor e intereses comunes, deciden unir sus vidas mediante un contrato legal, regulado por la sociedad en que se dan. A la vez, entendiendo que Dios es la fuente de toda bendición, también se presentan delante de él para pedir dirección y bendición en el inicio de esta unión permanente.

I. EL MATRIMONIO ES UN MISTERIO, Efesios 5:32

A. El matrimonio es misterio en tanto que dos personas, de sexo contrario, en un momento dado se encuentran, se atraen, se identifican, y unen sus voluntades para contraer matrimonio. Es misterio en tanto que siendo dos individualidades vienen a ser una sola carne, sin perder su individualidad.

B. Es misterio en tanto que es la única forma de que ambos trasciendan su soledad. Ya podemos imaginar al primer hombre, Adán, recluido en su soledad, prisionero de su incomunicación y sin esperanza de trascenderla. Ningún animal podía conmover su alma ni alcanzar las regiones del espíritu y de su psiquis. Su relación con los animales era de señorío no de compañerismo. Ningún animal del Edén lo podía sacar de su prisión de soledad y en ello había tristeza, dolor y tal vez desesperanza.

C. Es un misterio en tanto que todo verdadero matrimonio se produce por la voluntad de Dios. Es él quien guía a ambas vidas para que se encuentren, se amen, se entiendan y sean unidas por él. Por supuesto, quedan excluidos los matrimonios de conveniencia y los efectuados por otras razones puramente perversas.

Dios proveyó esposa para Isaac, Génesis 24. Dios proveyó esposa para Jacob, Génesis 29. Dios lo sigue haciendo.

II. EL EXITO Y LA FELICIDAD EN EL MATRIMONIO, Deuteronomio 12:28

A. Podemos asegurar que un matrimonio está teniendo éxito, si en medio de los problemas cotidianos mantienen armonía conyugal y estimulan el amor para que crezca.

La medida del éxito está determinada por la calidad de relación íntima, de cada elemento de la pareja, con Dios. "Nunca se apartará de tu boca este libro de la ley, sino que de día y de noche meditarás en él, para que guardes y hagas conforme a todo lo que en él está escrito; porque entonces harás prosperar tu camino, y todo te saldrá bien" (Jos. 1:8).

B. El éxito y la felicidad dependen de la obediencia a la palabra de Dios. "Guarda y escucha todas estas palabras que yo te mando, para que haciendo lo bueno y lo recto ante los ojos de Jehová tu Dios, te vaya bien a ti y a tus hijos después de ti para siempre" (Deut. 12:28).

C. El éxito y la felicidad del matrimonio dependen de la capacidad de sometimiento del uno al otro, como manda la Biblia (Ef. 5:21).

II. EL MATRIMONIO ES UN MINISTERIO, 1 Corintios 7:5; Deuteronomio 11:18-21

A. Ambos son ministros del Señor para ministrarse uno al otro en todos los aspectos: físico, psíquico, espiritual. El imperativo de 1 Corintios 7:5, tiene que ver con esta ministración en sus necesidades de relación propiamente humanas, pero importantes y santificadas por el matrimonio. No deben negarse el uno al otro.

B. Ambos son ministros para ministrar a los hijos y enseñarles la Palabra de Dios y el camino de la vida, así como el principio de la sabiduría. Es su privilegio y su responsabilidad. Dios es claro en su mandato registrado en Deuteronomio 11:18-21, y como fieles ministros de Dios, así deben proceder. Efesios 6:4, regula las acciones de los padres sobre los hijos a fin de que cumplan eficazmente con su ministerio.

C. Ambos son ministros para ministrar a la familia y la casa. El Salmo 127 nos habla de la prosperidad de la familia cuando ésta tiene la bendición de Dios porque es bien ministrada por el padre y la madre.

Conclusión

Todo matrimonio debiera pensar en estos tres aspectos para entender con claridad lo que significa y hacer de sus vidas una fuente de bendición, para ellos como pareja, para los hijos y para la sociedad en que se dan.

Ilustración:

Esperanza es una mujer joven, pero casada desde hace diez años o más. Ya tiene tres hijos. Hace tres años que se convirtió al Señor. Ha ido creciendo en el conocimiento de la Palabra de Dios. Hace poco tiempo que visitó a su pastor y le dijo: "Sabe pastor, yo no había entendido lo que significa el matrimonio y la responsabilidad que tiene frente a los hijos y ante Dios. Yo me junté con mi marido, tuvimos un bebé y después nos vimos obligados a casarnos por lo civil, pero jamás lo hicimos en el templo. Yo crecí pensando que lo importante era que mi novio y yo nos amáramos y que ya podíamos vivir juntos sin mayor problema. Hace poco usted predicó acerca del matrimonio y me di cuenta de lo equivocada que estaba. No quisiera que mis hijas cuando sean grandes, piensen como yo lo hice". ¡Qué importante es conocer la Palabra de Dios y obedecerla!

José S. Vélez

VUESTRA BODA ES UN TESTIMONIO

(Mensaje predicado por un pastor en la boda de su hija)

Introducción

No es fácil predicar a tus propios hijos. Ellos te conocen muy bien, así que tienes que ser honrado y tener mucho cuidado con lo que dices si quieres que te escuchen y hagan caso.

Silvia me conoce muy bien. Pasamos veinte años juntos. Los demás normalmente me ven cuando estoy completamente vestido, pero ella me vio muchas veces en paños menores. Lo maravilloso es que todavía me ama a pesar de que me conoce tan bien. Ese es el milagro del amor.

Silvia me ama y yo también a ella con todo mi corazón. La vi nacer y la veo ahora empezar una de las más grandes aventuras de la vida. Ese es mi gozo y mi privilegio.

También te amo a ti, Guillermo. Te amo a pesar de que te llevas a Silvia de nuestro lado. Los padres queremos siempre dar a nuestros hijos raíces y alas. Pero a veces somos un poquito egoístas y queremos que tengan más raíces que alas.

I. UNA BODA NO ES SOLO ASUNTO DE LA PAREJA

A. Según nuestra tradición y comprensión, una boda no es el asunto exclusivo de la pareja. Es también la preocupación de dos familias que se unen en esta celebración de amor. Es así porque los seres humanos nunca vivimos en el vacío. Siempre vivimos en relación con otras personas.

B. Dos familias quedan involucradas y unidas por la decisión de dos personas que quieren unirse en matrimonio. Unidas por el poder y la magia del amor de sus hijos.

C. Así que estamos aquí juntos en la presencia de Dios y en la
compañía de nuestros amigos y hermanos en la fe de Cristo.
Nuestros amigos nos aman al punto de que nos dedican su tiempo
para expresarnos su amor y su apoyo en estos momentos tan
especiales para nosotros.

II. UNA BODA ES UN ACTO DE TESTIMONIO

A. Pero sobre todo estamos aquí porque vosotros dos queréis decir
públicamente cómo queréis organizar vuestra vida familiar. No
teníais que venir aquí para estar legalmente casados. Desde el
punto de vista legal ya sois marido y mujer. Pero vosotros habéis
decidido libremente hacer las cosas de esta manera.

B. Una ceremonia de boda cristiana es un testimonio público. Un
testimonio de vuestra fe en Dios y de vuestro compromiso con
Cristo. Un testimonio de vuestro amor y compromiso el uno con el
otro. Un testimonio de vuestro compromiso de ser una familia
cristiana.

C. Al hacer las cosas de esta manera, estáis diciendo a todos que tú,
Guillermo, quieres ser y vivir como un hombre cristiano, quieres
ser un esposo cristiano para Silvia y que quieres ser un padre
cristiano para los hijos que Dios os dé.
   Que tú, Silvia, quieres ser una mujer cristiana, que quieres ser
una esposa cristiana para Guillermo, y una madre cristiana para los
hijos que Dios te dé.

D. Ser cristiano es una forma de vida. La única manera de tener vida
eterna. Es un compromiso de ser y vivir como Cristo Jesús. A fin de
lograrlo necesitamos la presencia y la bendición de Dios, porque no
podemos ser cristianos por nuestras propias fuerzas.

E. Una ceremonia de boda cristiana no es simplemente una tradición
familiar o una conveniencia social. Es una expresión pública de
nuestro compromiso con Dios y del uno con el otro. Un compromiso es algo muy serio, especialmente cuando se contrae en la
presencia de Dios.
   A causa de esto, nosotros podemos hablar acerca de la vida y
relaciones familiares de una manera muy diferente.

III. EL CAMINO DE LA FELICIDAD

Permitidme que os diga unas pocas palabras más que brotan de mis
experiencias personales y pastorales.

A. Respetaros siempre el uno al otro

Esto es algo muy importante y muy delicado. Cuando una pareja se
pierde el respeto el uno al otro, han perdido lo más importante de su vida
juntos. Esto es algo muy difícil de recuperar una vez que se ha perdido.
Esto es algo que los dos debéis recordar siempre.

B. Haced del perdón una experiencia diaria en vuestra vida.

Estad seguros de que las dificultades, problemas y malos entendidos tarde o temprano aparecerán. Son parte de la vida real. Pero nunca terminéis el día con el corazón dominado por el egoísmo, el enojo y el resentimiento.

Algunas personas que acostumbran a participar en las actividades religiosas cristianas en los templos, son muy religiosos, pero muy poco cristianos. Algunas veces dicen que ellos no pueden perdonar. Pero la mayoría de las veces, cuando dicen que no pueden, es que realmente no quieren perdonar. Si somos realmente cristianos, podemos. No es fácil, pero es posible.

La gente religiosa puede ser a veces gente de corazón muy duro. Pero si Dios está realmente en vosotros, seréis capaces de perdonarnos el uno al otro.

Yo sé que el amor a veces tiene que ser firme. Tenemos que decir *no* a cosas que son incorrectas. Tú, Guillermo, alguna vez tendrás que decir *no* a Silvia, y Silvia tendrá que decir *no* a Guillermo. Pero el amor cristiano debe estar siempre listo para perdonar. El amor y el perdón son medicina para el que lo da y para el que lo recibe.

C. Dedicar cada día de vuestra vida a Dios y el uno al otro.

Cada día que despertéis, dedicar ese día al Señor y el uno al otro. Dedicarlo a honrar a Dios y a haceros felices el uno al otro.

Pensar cada día en cómo os podéis ayudar mutuamente a crecer y ser mejores. Confieso que yo no lo hice cada día, pero cuando lo hice todo fue mejor.

Conclusión

Leí no hace mucho tiempo un libro titulado *Elige ser feliz*. Estoy de acuerdo con el contenido y con el título del libro. Somos y tenemos lo que escogemos. La felicidad no es una lotería. Es algo que escogemos y edificamos nosotros cada día. Pero requiere el compromiso de dos personas dispuestas a trabajar juntas para conseguirlo.

Todos los presentes, especialmente vuestros padres, os desean lo mejor. Pedimos al cielo las mejores bendiciones para vosotros. Queremos que seáis felices, pero eso es algo que vosotros tenéis que decidir y edificar cada día.

Confiamos en que vais a elegir la vida y no la muerte, la felicidad y no la decepción, la realización y no la insatisfacción, a Dios y no cualquier otra cosa.

José Luis Martínez

EL MATRIMONIO EN EL PLAN DE DIOS
Mateo 19:4-6

Introducción

La familia es la célula básica de la sociedad. El matrimonio es, a su vez, la base de la familia. La visión bíblica es la de un mundo poblado por familias, capaces de vivir en armonía unos con otros, lo que se consigue especialmente viviendo en primer lugar en armonía con Dios, el Creador.

Como célula vital básica, la familia se ha visto sujeta a múltiples ataques y, posiblemente, en nuestras días está expuesta a más peligros que nunca en una sociedad desorientada y altamente materializada. Esto hace más importante y necesario si cabe el establecimiento de matrimonios —y consecuentemente de familias— cristianos, que busquen ejemplo en la voluntad de Dios, expresada en su Palabra.

El matrimonio cristiano:

I. CORRESPONDE AL PLAN ORIGINAL DE DIOS. "... varón y hembra los creó" Génesis 1:27.

A. Desde el mismo momento de la creación.

1. Al igual que el hombre no es un producto de la evolución de la naturaleza, el matrimonio no es un producto del desarrollo de la sociedad.

2. Hombre y mujer se pertenecen y complementan el uno al otro. Son dos mitades de una misma unidad, "una sola carne" (Gén. 2:24).

B. Ratificado en la nueva creación.

1. El Señor, el nuevo Adán, reafirma el plan original (Mat. 19:4). Contesta así a aquellos religiosos que querían tenderle una trampa.

2. El paso de los siglos no cambia el plan esencial de Dios aunque varíen los contextos.

II. ES UNA UNIDAD PERMANENTE. "... lo que Dios juntó, no lo separe el hombre" Mateo 19:6.

A. Porque es una unión efectuada por Dios.

1. La obediencia a Dios es garantía de estabilidad. Muchas desavenencias son fruto del olvido de la presencia y voluntad divinas.

2. La santidad del matrimonio no debe mancharse. "Honroso sea en todos el matrimonio, y el lecho sin mancilla" (Heb. 13:4).

B. Porque su misión lo requiere.
1. El matrimonio se complementa con los hijos.
2. La crianza y educación de los hijos requieren una familia estable y armónica: una familia cristiana.
C. Es superior a cualquier otra relación humana. "... el hombre dejará padre y madre y se unirá a su mujer" (Mat. 19:5).

III. EL MATRIMONIO CRISTIANO ES FUNDAMENTO PARA UNA VIDA FELIZ. "Cada uno de vosotros ame también a su mujer; y la mujer respete a su marido" (Ef. 5:33). Las leyes humanas se imponen si es necesario por la fuerza. En el matrimonio cristiano imperan el amor y el respeto. El respeto sin amor puede ser frío y no apto para el matrimonio. El amor sin respeto es arbitrario y mata el amor.

IV. UN TESTIMONIO AL MUNDO PRESENTE. "Así alumbre vuestra luz delante de los hombres..." Mateo 5:16.

A. El concepto de matrimonio y familia están amenazados. Por la falta de valores éticos y el desprecio de los espirituales, entre otras cosas fruto del pecado.

B. La familia cristiana tiene el privilegio y la responsabilidad de iluminar las tinieblas de este mundo con su ejemplo.

Conclusión

Finalícese con una expresión de buenos deseos y exhortación a la fidelidad para el nuevo matrimonio, y un llamamiento a las familias ya establecidas a vivir de forma que glorifiquen a Dios.

Rafael Bustamante

OTRAS AYUDAS
PARA BODAS

CEREMONIA DE BODA TRADICIONAL

(Se presenta aquí tal como se usa en algunos lugares del mundo hispano. Cada ministro hará las adaptaciones culturales pertinentes).

Novio_____

Novia_____

1. Preludio musical
2. Ministro espera en el estrado y el novio con sus acompañantes al pie del estrado.
3. Música: Entran primero las damas de honor de la novia.
4. Marcha nupcial: Entra la novia con su acompañante (toda la congregación se pone en pie).
5. Ministro pregunta:
   — ¿Quién entrega a esta mujer para unirse en santo matrimonio con este hombre?

   — El acompañante de la novia responde:
   — Yo y mi esposa (o yo y su madre) lo hacemos en nombre de la familia _____

6. Ministro a la congregación:

   Queridos hermanos y amigos:
   Estamos reunidos aquí en la presencia de Dios, para pedir las bendiciones del cielo sobre este hombre _____ y esta mujer _____ que se unen en santo matrimonio, el cual es el estado honorable instituido por Dios para el hombre y la mujer, desde el principio de la creación, y del cual dice el apóstol Pablo que es honroso en todos. Por tanto, no debe ser emprendido en forma inconsiderada o temeraria, sino con sabiduría y temor de Dios. A este santo estado vienen a unirse este hombre y esta mujer. (Citar nombres).

7. Lectura de varios pasajes de la Biblia:

   — Génesis 1:26, 27
   — Génesis 2:20-24
   — Carta a los Efesios 5:22-33
   (El ministro invita a los congregados a sentarse).

8. Canto congregacional o solo
9. Plática del pastor
10. Canto congregacional o solo
11. *Los novios y el ministro*

— El ministro dice al varón:

_____¿Quieres tomar a esta mujer por tu esposa legítima, proponiéndote vivir con ella como buen y fiel marido cristiano, conforme a lo ordenado por Dios en su Palabra sobre el santo estado del matrimonio? ¿La amarás, honrarás y cuidarás en tiempo de enfermedad y de salud, conservándote para ella sola, mientras los dos viviereis? El varón responderá: Sí, quiero.

— El ministro dice a la mujer:

_____¿Quieres tomar a este hombre por tu marido y esposo legítimo, proponiéndote vivir con él como buena y fiel esposa cristiana, conforme a lo ordenado por Dios en su Palabra sobre el santo estado del matrimonio? ¿Le obedecerás, amarás, honrarás y cuidarás en tiempo de enfermedad y de salud, conservándote para él solo, mientras los dos viviereis? La mujer responderá: Sí, quiero.

— Los novios se situarán uno frente del otro, tomados de las manos, y mirándose se dirán, guiados por el ministro:

— Ministro al hombre para repetir:
Yo_____ te recibo a ti _____como mi legítima mujer desde hoy en adelante, y prometo delante de Dios y de esta congregación, ser para ti un marido amante y fiel, ora mejore o empeore tu suerte, seas más rica o más pobre, ora sana ora enferma, para amarte y cuidarte hasta que la muerte nos separe, según el santo orden establecido por Dios, y de hacerlo así te empeño mi palabra y fe.

— Ministro a la mujer para repetir:
Yo_____te recibo a ti _____ como mi legítimo marido desde hoy en adelante, y prometo delante de Dios y de esta congregación, ser para ti una esposa amante y fiel, ora mejore o empeore tu suerte, seas más rico o más pobre, ora sano ora enfermo, para amarte y cuidarte hasta que la muerte nos separe, según el santo orden establecido por Dios, y de hacerlo así te doy mi palabra y fe.

— ANILLOS. Los novios se dirán el uno al otro guiados por el ministro:

Novio a novia:

Con este anillo, señal y prenda de nuestra fidelidad y amor, te desposo, con mi cuerpo te honro, y te hago partícipe de todo cuanto pueda poseer y poseo.

Novia o novio (se repite):

— Novio levanta el velo de la novia y la besa. El velo queda levantado.

— Novios se arrodillan.

— Oración pastoral de bendición de los novios.

— Siguiendo arrodillados los novios el ministro dirá.

Por cuanto _____ y _____ consienten en su santo matrimonio y lo han testificado delante de Dios y de esta congregación, y para este fin han dado y empeñado su fe y palabra el uno al otro, y lo han declarado así también por la unión de las manos, como por la donación y recepción de un anillo; yo, como ministro del evangelio, os reconozco y pública y solemnemente os declaro en presencia de Dios y de esta congregación como legítimo matrimonio, en el nombre del Padre, y del Hijo, y del Espíritu Santo. Amén. Lo que Dios juntó no lo aparte el hombre.

12. Canto o solo

13. Firma del acta, entrega de una Biblia, etc.

14. Salida del templo de los novios ya casados a los acordes de la marcha nupcial. Se paran en el vestíbulo para saludar a los invitados.

VOTOS MATRIMONIALES NO TRADICIONALES

Pastor: ¿Prometes, Juan, tomar a esta mujer, María, por tu legítima mujer? ¿Prometes proveer con todo tu mejor entendimiento y capacidad, para sus necesidades espirituales, emocionales y físicas, incluso hasta el punto de sacrificarte personalmente por ella? ¿Prometes serle fiel como una prueba de la importancia que ella tiene para ti y de tu compromiso de seguir el plan de Dios para el matrimonio de un hombre y una mujer para toda la vida? ¿Prometes compartir completamente con ella tus esperanzas, sueños, planes y preocupaciones a fin de que podáis descubrir juntos las respuestas de Dios para vuestra vida? ¿Prometes dejar a tu padre y a tu madre para establecer tu propio hogar con María, y amarla en los tiempos difíciles como en los buenos? ¿Prometes amarla cuando sea débil como cuando sea fuerte? ¿Amarla cuando esté triste como cuando esté feliz? ¿Prometes estar a su lado para protegerla y compartir con ella tu fortaleza al enfrentar la vida juntos unidos por Dios?

Juan: Sí, lo prometo.

               Pastor a María lo mismo

María: Sí, lo prometo.

               Promesas de los anillos (igual para los dos):

Juan: Prometo delante de Dios y de esta congregación, que son
               testigos de nuestra boda, que guardaré y cumpliré con todo
               mi corazón, mente y alma las promesas que he hecho.

VOTOS MATRIMONIALES NO TRADICIONALES

Pastor: Juan, ¿recibes a María como tu legítima esposa desde hoy en
               adelante?

Juan: Sí, la recibo.

Pastor: ¿Te comprometes, Juan, delante de Dios y de esta congrega-
               ción a procurar su felicidad, y su plena realización y
               madurez como persona? ¿Prometes amarla, honrarla y
               servirla en enfermedad y en salud, en adversidad y prosperi-
               dad, y ser leal y fiel para con ella mientras los dos viváis?

Juan: Sí, prometo.

               Pastor a María igual que para Juan.

               Promesas de los anillos: (Igual para ambos)

               María, con este anillo, símbolo de todo lo mejor que soy y
               tengo, te entrego mi vida, mi amor y fidelidad en el nombre
               del Padre, del Hijo y del Espíritu Santo. Amén.

               Doble voto o promesa:

               ¡No me pidas que te deje y que me separe de ti! Iré a donde
               tú vayas y viviré donde tú vivas. Tu pueblo será mi pueblo y
               tu Dios será mi Dios.

OTROS ACTOS PROPIOS DE UNA BODA

1. Ceremonia y simbolismo de las velas

        Este acto puede intercalarse perfectamente en cualquier ceremonia
de boda, bien sea que contenga votos tradicionales o no. Ofrece

oportunidad de participación de ambas familias en las personas de las madres que enaltece la ceremonia.

Se desarrolla de la siguiente manera: Estando ya los invitados en el templo y con música de fondo apropiada, y antes de que entren los novios en el templo, aparecen las madres de ambos contrayentes juntas (o alguien que las represente) dirigiéndose al estrado del santuario. En el estrado debe estar ya preparado un candelabro con tres velas, dos de ellas iguales y la del medio más grande y gruesa. Ellas encenderán las dos velas de los lados, simbolizando así el alumbramiento y la vida de sus hijos que ahora se casan. Las velas permanecerán encendidas todo el tiempo de la ceremonia. Al finalizarse la ceremonia, y antes de salir del templo los novios, éstos se acercarán a donde están las velas, tomarán cada uno una en sus manos, y juntos y al mismo tiempo encenderán la otra vela situada en el centro, que es más grande. Este acto simboliza el comienzo de su nueva vida juntos. Ya no serán nunca más dos, sino una sola carne. Después cada uno apagará su propia vela y las volverán a dejar en su sitio. Quedará sola la vela mayor luciendo, que simboliza la unión completa de sus vidas.

Es bueno, especialmente en un lugar donde no conozcan este acto ni su simbolismo, que el pastor o los novios expliquen su significado.

Una variedad de este acto es que después de encender juntos, con sus velas individuales, la vela más grande, y de apagar cada uno su vela y colocarla en su sitio, vuelven, después de unos segundos, garantizando de que la vela grande luce con toda su fuerza, a recoger las velas individuales apagadas y cada uno enciende la suya tomando el fuego de la vela mayor. Este paso simboliza que aunque se unen en una sola carne, el matrimonio no anula sus individualidades, sino que las potencia y nutre. Si se desea llevar a cabo este paso, al final quedan las tres velas encendidas, simbolizando la vela mayor su unión matrimonial y fuente de donde se alimentan y sostienen sus vidas individuales.

2. Participación de los novios en su propia boda

Una forma de participación es dándoles oportunidad durante la ceremonia, en algún momento apropiado, para que ellos expresen con sus propias palabras su gratitud a sus padres por haberles dado la vida, haberles cuidado durante tantos años y haberlos formado en el amor y el temor de Dios. También pueden expresar aprecio por su iglesia que les dio amor y apoyo en su desarrollo espiritual.

Resulta emotiva y edificante esta participación de los novios. Algunos no desearán hacerlo debido a su falta de experiencia de hablar en público y a los nervios del momento. Pero si pueden y quieren hacerlo, no hay que desanimarles, sino, por el contrario, estimularles a hacerlo.

Otra forma de participación de los novios es que en vez de que predique el pastor, sean los novios, como un testimonio personal, los que expliquen a los congregados lo que piensan, a la luz de las Escrituras, que debe ser un matrimonio y familia cristiana. Pueden hablar un poco acerca de sus sueños como matrimonio, y de sus metas espirituales y profesionales. Muchas parejas no desearán hacerlo, pero si alguna lo quiere hacer, no se lo impidan. Es muy bueno que ellos mismos expresen en voz alta su visión bíblica de la familia, se comprometan a vivir conforme al modelo de Dios y se propongan metas para conseguirlo. Esta práctica tiene un efecto muy saludable sobre la pareja porque les hace reflexionar sobre su proyecto de vida en común, les hace sentir el peso del testimonio y compromiso público, y es un gran testimonio para muchos que no conozcan las bases bíblicas del matrimonio y del valor de la fe en la vida familiar.

José Luis Martínez

BODAS DE PLATA

(Lectura de alabanza a Dios y renovación de votos que los esposos pueden hacer públicamente durante el culto, después del mensaje.)

El: Reconocemos que los 25 años pasados de matrimonio feliz se deben a la misericordia de Dios.

Ella: Expresamos nuestra gratitud, porque creemos que Dios nos escogió el uno para el otro.

El: Damos gracias, porque en los momentos vividos de angustia, él nos liberó.

Ella: Damos gracias, porque en los momentos de crisis, él nos dio siempre una salida.

El: Nuestro corazón está lleno de gratitud por el bienestar que disfrutamos y por tantas cosas que hemos recibido.

Ella: Glorificamos a Dios por el don de nuestros hijos.

El: Creemos que nuestro amor se solidifica y crece con el paso de los años.

Ella: Renovamos hoy, delante de Dios y de esta congregación, nuestra promesa de amor.

El: Renovamos hoy, delante de Dios y de esta congregación, nuestra promesa de ayuda mutua.

Ella: Creemos que el futuro pertenece a Dios.

El: Rogamos a Dios que siga bendiciendo nuestro hogar.

Ella: Le pedimos que nos permita ser una fuente de inspiración para nuestros hijos.

El: Queremos ser reflejo del amor de Cristo por su iglesia.

Ella: Hasta que la muerte nos separe.

El: Hasta que la muerte nos separe.

Sindulfo Díez

SERMONES
PARA FUNERALES

LA MUERTE DE UN SANTO VARON DE DIOS

Salmo 116:15

2 Corintios 4:16—5:10

Introducción

Los que estamos aquí, nos encontramos frente a los restos mortales de quien en vida fue el muy amado hermano en Cristo, don Jacinto Martínez, un santo varón de Dios.

Y nos hemos dado cita aquí para cumplir, por lo menos, tres propósitos:

1. Propósitos

   (a) Para *despedir* con dignidad y aprecio al hermano que falleció.

   (b) Para con nuestra presencia, amistad y palabras, *expresar* nuestra condolencia cristiana y *traer un mensaje de consuelo* a la familia doliente.

   (c) Para *dar gracias y gloria a Dios* por la vida y el testimonio de este santo varón, de este fiel creyente en Jesucristo, el hermano Martínez.

2. ¿Cómo ven la muerte los escépticos?

   Para algunos, el suceso de la muerte alborota muchos temores, levanta preguntas inquietantes y siembra dudas y confusión en la mente.

   Por ejemplo, Amado Nervo, poeta mexicano, con motivo de la muerte de su madre, escribió lo siguiente:

   En vano entre las sombras de mis brazos siempre abiertos,
   Asir quieren su imagen con ilusorio afán.
   ¡Qué noches tan calladas! ¡Qué limbos tan inciertos!
   ¡Oh Padre de los vivos, ¿adónde van los muertos?!
   ¿Adónde van los muertos? Señor, ¿adónde van?"

3. Cómo ven la muerte los creyentes en Cristo

   Pero para los que creemos en Dios y en la Palabra de Dios; y para quienes, como don Jacinto, hemos recibido a Jesucristo como el Salvador del alma y el Señor de la vida, el fenómeno de la muerte nos entristece, sí, pero no nos atemoriza ni nos sume en la desesperación, sino que nos afirma en nuestra fe y esperanza cristianas.

I. UNA DECLARACION BIBLICA DE SUMA IMPORTANCIA

A. Ahora, permítanme invitarles a que juntos meditemos en una preciosa, profunda y reveladora afirmación, en una tremenda verdad bíblica. La Biblia, que es el Libro de la Vida, sin embargo, también nos habla mucho de la muerte. Es en este Libro donde nosotros los cristianos hallamos la respuesta a algunas preguntas en relación con la muerte, y del que también recibimos consuelo en nuestra hora de tristeza.

B. Una afirmación bíblica sorprendente. El salmista y rey David escribió las siguientes palabras:

"Estimada es a los ojos de Jehová la muerte de sus santos" (Sal. 116:15).

1. Una afirmación sorprendente es esta.

Esta declaración de la Biblia parece un poco extraña, vista así no más. Pero es que se trata de "la muerte de sus *santos*".

2. Y ¿quiénes son "sus santos"?

En la Biblia, los que somos apartados por el Señor y para el Señor somos llamados 'santos'. Somos los creyentes en Cristo, sus seguidores. Somos los que poseemos "vida eterna".

II. ¿POR QUE ES "ESTIMADA A LOS OJOS DE JEHOVA LA MUERTE DE SUS SANTOS"?

Tiene que haber razones, y de peso, para una revelación como esta.

A. "Porque Dios no es Dios de muertos, sino de vivos."

1. Al Señor se le llama "Dios de Abraham, Dios de Isaac y Dios de Jacob".

Leer Lucas 20:36-38.

a. *Abraham:* Génesis 25:7, 8: "Y estos fueron los días que vivió Abraham: ciento setenta y cinco años. Y exhaló el espíritu, y murió Abraham en buena vejez, anciano y lleno de años, *y fue unido a su pueblo.*"

b. *Isaac:* Génesis 35:29: "Y exhaló Isaac el espíritu, y murió, *y fue recogido a su pueblo:* viejo y lleno de días."

c. *Jacob:* Génesis 49:33: "Y cuando acabó Jacob de dar mandamientos a sus hijos, encogió sus pies en la cama, y expiró, *y fue reunido con sus padres.*"

Enseñanza bíblica: estas expresiones (subrayadas) establecen la verdad, la doctrina de que los hijos de Dios, en el fenómeno de la muerte física, siguen con espíritus vivos en

la presencia del Señor. Así se le reveló Dios a Moisés, en el
símbolo de la zarza que ardía sin consumirse, como el Dios
de Abraham, Isaac y Jacob, quienes hacía muchísimos años
que habían muerto, pero que seguían como espíritus vivos
delante de Jehová Dios.

2. Jesús mismo al morir en la cruz, dijo: "Padre, en tus manos
encomiendo mi espíritu" (Luc. 23:46).

3. Esteban, el protomártir del cristianismo, al morir dijo: "Señor
Jesús, recibe mi espíritu" (Hech. 7:59).

4. A Dios se le llama el "Padre de los espíritus".

"Por otra parte, tuvimos a nuestros padres terrenales, y los
venerábamos. ¿Por qué no obedeceremos mucho mejor al Padre
de los espíritus, y viviremos?" (Heb. 12:9).

5. "Las cosas que se ven son temporales, pero las que no se ven son
eternas."

Leer 2 Corintios 4:16—5:10. El apóstol Pablo también nos dice lo
siguiente en Colosenses 1:12: ". . . con gozo dando gracias al
Padre que *nos hizo aptos para participar de la herencia de los
santos en luz*".

6. Los hijos de Dios, quienes ya nos precedieron en el viaje hacia la
eternidad, ellos, como espíritus vivos, son espectadores de los
que sobre la tierra seguimos corriendo la carrera "que nos es
propuesta".

"Por tanto, nosotros también, *teniendo en derredor nuestro tan
grande nube de testigos,* despojémonos de todo peso y del pecado
que nos asedia, y corramos con paciencia la carrera que tenemos
por delante, puestos los ojos en Jesús,. . ." (Heb. 12:1).

Pues bien, ¿cuál es la conclusión de esta línea de pasajes bíblicos?
Que los que mueren en Cristo, duermen aquí en la tierra y despiertan
allá en el cielo; que descansan de sus obras, sufrimientos y dolores y van
a morar en las mansiones de gloria. Esta es la felicidad de que disfruta
ahora nuestro hermano que se nos ha adelantado.

B. Pero hay otra razón de por qué "Estimada es a los ojos de Jehová la
muerte de sus santos".

1. Porque los justos irán al cielo.

a. El apóstol Pablo expresó: "Porque para mí el vivir es Cristo, y
el morir *es ganancia*" (Fil. 1:21).

Es ganancia porque el creyente, al morir, va a la presencia
del Señor, en su espíritu y en estado consciente, porque:
"estar ausentes del cuerpo es estar presentes al Señor".

b. Es la promesa de Jesús a los suyos. Leer Juan 14:1-3, "para que donde yo estoy, vosotros también estéis".

2. El testimonio del gran evangelista Dwight L. Moody.

El dijo: "Un día leeréis en los periódicos que Dwight L. Moody ha muerto, que ya terminó de actuar. No creáis ni un ápice de esto. Es cuando estaré más vivo que nunca, pues estaré con mi Padre celestial sirviéndole y adorándole."

Y cuando ya estaba para morir, él dijo: "Hermanos míos, veo que la tierra retrocede y el cielo se abre. Dios me está llamando."

Conclusión

Yo conocí a este hermano que ahora está con "los santos en luz". Así mueren los cristianos. Jesús les dijo a sus discípulos: "Lázaro, nuestro amigo, duerme." Don Jacinto, nuestro hermano, nuestro amigo, duerme. Sí, él duerme y su cuerpo resucitará en el día postrero, y nosotros nos sentimos consolados porque: "Estimada es a los ojos de Jehová la muerte de sus santos."

Adolfo Robleto

EL PASO DE MUERTE A VIDA

Introducción

De entre todos los momentos importantes en la vida de las personas, como puede ser el nacer, el escoger una profesión u oficio, el casarse, o el morir, éste es el más trascendental de todos, ya que con él se inicia un destino eterno: un cielo o un infierno, el pasar toda la eternidad disfrutando de la bienaventuranza divina, o el estar para siempre alejado de Aquél para quien fuimos creados.

Puesto que no hay cosa más cierta que el hecho de que todos hemos de morir, ni cosa más incierta que el momento en que este hecho ha de acontecer, pensemos brevemente en tal acontecimiento y preparémonos para que, cuando él tenga lugar, comencemos un destino eterno que sea glorioso. En este caso la muerte será el paso imprescindible para empezar a disfrutar de la verdadera vida.

I. SEGURIDAD DE LA MUERTE

La palabra de Dios afirma: "Está establecido para los hombres que mueran" (Heb. 9:27). La experiencia nos demuestra que esta afirmación es cierta, sin excepción alguna.

A. Todos los hombres mueren.

1. No sólo mueren los pobres, sino también los ricos como Creso y Onasis.

2. No sólo mueren los humildes, sino también los poderosos como Alejandro Magno y Napoleón.

3. No sólo mueren los ignorantes, sino también los grandes sabios como Salomón y Sócrates.

B. Se muere en todas las edades.

1. Algunos mueren al nacer o en la edad infantil.

2. Otros mueren en la juventud o en la edad madura.

3. Muchos mueren en la vejez o en edad muy avanzada.

C. Se muere de diversas maneras.

1. Algunos mueren de forma repentina: ataques de corazón, embolias cerebrales, accidentes de circulación, etc.

2. Otros mueren de forma violenta: asesinatos, guerras, catástrofes naturales como fuegos, inundaciones, etc.

3. La gran mayoría muere de forma natural, por desgaste físico, como mueren todos los seres vivos.

De una forma u otra, a una edad u otra, todas las personas, sin distinción de raza, sexo o posición social tienen que enfrentarse con esa realidad que llamamos muerte.

II. TEMOR A LA MUERTE

Generalmente, las personas suelen experimentar un doble temor a la muerte:

A. Temor natural.

1. Todos los seres vivos se resisten a morir a causa del sufrimiento que, generalmente, le acompaña.

2. La muerte implica el abandono de las riquezas y posesiones que tanto han costado de conseguir.

3. La muerte produce la separación de nuestros familiares y amigos. Incluso las personas más piadosas sienten esta separación.

B. Temor espiritual.

1. Muchos escépticos e incrédulos siguen temiendo a lo desconocido, albergando dudas sobre si habrá o no otra vida.

2. Muchos que creen, pero no practican, temen su encuentro con Dios al que no han escuchado y obedecido.

3. Muchos que se llaman creyentes practicantes temen el momento de la muerte, pensando en la posibilidad de un purgatorio.

Solamente los verdaderos creyentes, los que saben que la salvación es por gracia y no por obras (Ef. 2:8, 9), mueren sin temor, porque están ciertos de que, por su fe en Jesucristo, para ellos la muerte es el paso a la verdadera vida.

III. COMO VENCER EL TEMOR A LA MUERTE

El salmista afirma: "Aunque ande en valle de sombra de muerte, no temeré mal alguno" (Sal. 23:4). ¿Podemos hacer nuestras las palabras del salmista? Sí, pero con dos condiciones:

A. Arrepintiéndonos de nuestros pecados.

1. Todos somos pecadores: Romanos 3:23.
2. La paga del pecado es la muerte: Romanos 6:23.
3. Con el arrepentimiento se borran nuestros pecados: Hechos 3:19.

B. Acudiendo a Cristo que es la vida.

1. Cristo venció con su muerte a la misma muerte: ¿Dónde está, oh muerte, tu aguijón? ¿Dónde, oh sepulcro, tu victoria? (1 Cor. 15:55); "Ha resucitado; no está aquí. . ." (Mar. 16:6).

2. Cristo promete dar vida a los que creen en él: "Yo soy la resurrección y la vida; el que cree en mí, aunque esté muerto, vivirá" (Juan 11:25).

Todo el que recibe a Cristo Jesús en su corazón tiene vida eterna y, por lo mismo, no morirá en sentido espiritual: "El que tiene al Hijo, tiene vida" (1 Jn. 5:11, 12). ¿La tienes tú, querido amigo? ¿Quisieras tener esa seguridad de vida eterna? ¡Acepta a Cristo!

Conclusión

Es cierto que hemos de morir y que no sabemos cuándo. Pero también es cierto que, para el creyente en Cristo, la muerte es el paso a la verdadera vida. Aquel que dijo: "Yo soy la resurrección y la vida" venció a la muerte con su muerte y resució para nuestra justificación. Y si él resució, resucitaremos también nosotros.

El destino eterno al que nos conducirá la muerte dependerá de la forma cómo hayamos vivido. He aquí dos maneras distintas de morir:

Muerte sin preparación: El célebre César Borgia exclamó al morir: "Me he preocupado durante toda la vida por toda suerte de negocios, menos el de la muerte. Sin embargo, ahora tengo que morir sin estar preparado para ello."

Muerte con preparación: Una terrible enfermedad atacó al hijo mayor y heredero del Duque de Hamilton. Unos momentos antes de morir, sacando su Biblia de debajo de la almohada, leyó unos pasajes que le confortaron y llamando a su otro hermano le dijo: "Ahora, querido hermano, en breves momentos, tú serás un Conde, pero yo seré un Rey."

José Borrás

VIDA, PASION Y MUERTE DEL HOMBRE
Hebreos 2:5-15

Introducción

Cuando la muerte nos arrebata un ser querido, nuestro pensar se concentra en el tema del hombre. Nuestro siglo XX, espacio temporal oscurecido por tantas muertes evitables, ha puesto el fenómeno en el centro del cerebro. Ubicado en cuerpo y alma entre la ameba y la galaxia, el ser humano *sabe* que existe; que vive, y que muere; que transcurre debajo del sol entre la alegría apasionada de vivir y la temerosa angustia de morir. Los filósofos afirman que la muerte es la situación-límite extrema del ser humano. Y no les falta razón. Los teólogos afirman que la verdaderamente extrema situación-límite del hombre es la frustración del vivir y el terror del morir; por lo tanto, el problema mayor no está en la muerte que mata, sino en el hombre que muere. Pues, según la Biblia, no debemos preocuparnos del problema de la muerte separándolo del problema de la vida; el problema es uno solo, y envuelve tanto la vida como la muerte de los hijos de Adán.

No hay mayor sabiduría sobre "la vida y la muerte" que la revelada por la Biblia; no hay autoridad más grande sobre el vivir y el morir que Jesucristo; y no hay verdad humana más simplemente cierta que ésta: "Nacemos para morir." Hay en la Biblia un párrafo que resume toda la revelación divina sobre esta especie de eje de lo humano: el vivir en el mundo—el morir en el mundo. La síntesis que el Espíritu de Dios revela sobre este "eje" incluye *frustración, subyugación* al temor de la muerte, y, gracias a Jesús resucitado, incluye *liberación.*

En medio de nuestro dolor y temor ante el duro golpe de la muerte, recibamos este saber consolador de la Palabra de Dios.

I. LA VIDA DEL HOMBRE ESTA MARCADA POR LA FRUSTRACION (vv. 5-8b)

A. Dios se ha propuesto hacerlo un señor en el mundo venidero (5).

1. Un honor negado a los ángeles.

2. Un privilegio dejado para el hombre.

B. El hombre fue creado como señor de la creación (vv. 6-8a —según Versión LXX—: Salmo 8 trad. del hebreo):

1. Hecho por poco tiempo menor que los ángeles.

2. Coronado de gloria y de honra.

3. Constituido en príncipe de toda la creación.

C. El hombre es un señor malogrado (8b).

1. Nada debiera escapar a su justo dominio.

2. Pero todavía vive como señor de casi nada —ni siquiera puede dominar su propio yo: Jereremías 10:23.

II. LA VIDA DEL HOMBRE ESTA MARCADA POR LA ESCLAVITUD (vv. 8, 14b, 15b)

A. Es un vivir de fuertes contradicciones (8, 15b):

1. Debiendo ser señor, vive como un esclavo (". . . nada dejó que no sea sujeto a él; pero todavía no vemos que todas las cosas le sean sujetas". Más aún, lo vemos 'toda la vida condenado a esclavitud').

2. De dominador de la naturaleza pasó a ser dominado por ésta (v. 8b: "Porque en cuanto le sujetó todas las cosas, . . ." ". . .honrando y dando culto a las criaturas antes que al Creador", Rom. 1:25b).

B. Es una vida esclavizada bajo el señorío del diablo (14b, 15b).

1. El diablo es el señor del reino de la muerte.

2. El diablo fue el jefe de los que mataron a Jesús.

C. Es una vida esclavizada por el temor de la muerte (15b).

1. El miedo de morir es natural y constante: ". . . toda la vida. . ."

2. El temor de la muerte es una dura forma de esclavitud: ". . . sujetos a servidumbre".

III. SIN EMBARGO, LA MUERTE DE UN HOMBRE ES HECHO Y SEÑAL DE VICTORIA Y LIBERACION (vv. 9-15a)

A. El hombre es Jesús (9, 11, 14a —ver Juan 19:5).

1. El representante solidario de todos los hombres (9).
   a. En plena historia, "por poco tiempo fue hecho menor que los ángeles" (9a "vemos a Jesús. . .").

     b. Consiguió gloria y honra por medio del padecimiento de muerte (9b).

     c. Por la gracia de Dios fue que padeció la muerte por todos los hombres (9c—2 Cor. 5:14, 15).

    2. Quien no se avergüenza de reconocer a los hombres como sus familiares (11-13—Mat. 12:50; 23:8).

     a. Porque en él están santificados (11a).

     b. Porque los ha hecho sus hermanos (11b, 12—Mat. 12:50).

     c. Porque los ha hecho hijos de Dios (13—Juan 1:12).

    3. Un hombre de carne y hueso como todos los hombres (14a).

B. La muerte del Hijo del Hombre, Jesús, respondió al propósito de Dios (v. 10).

    1. Pues, en Jesús, Dios se muestra responsable de toda su creación (10b).

    2. Pues, Dios se propuso hacer de Jesús el perfecto Autor de nuestra salvación (10a, c).

    3. Dios completó la perfección de Jesús como Salvador por medio de los padecimientos (10d—ver 5:7-10).

    4. El fin último del propósito de Dios es 'conducir a muchos hombres, en calidad de hijos, a la gloria' (10e).

C. Para la muerte del hombre, Jesús es un hecho de victoria y una señal de liberación (vv. 14b, 15).

    1. Haciendo uso de su propia muerte redujo a la nada a quien tenía el poder de la muerte, el diablo (14b).

    2. Por medio de su muerte, Jesús se hizo el liberador de los hombres, atrapados por el terror de la muerte (15).

     a. La muerte, signo del dominio del diablo, impera sobre el hombre por medio del pecado (ver v. 17: Jesús murió para "expiar" o cubrir "los pecados del pueblo"—1 Cor. 15:56a; Rom. 6:23a).

     b. La muerte sacrificial de Jesús libera al hombre de la culpa que lo mantiene atrapado en el temor de la muerte (ver v. 17c: "...para expiar", o cubrir "los pecados..."; y 9:14, 22, 26b).

    3. La muerte de Jesús se hizo señal eficaz de liberación por medio de la resurrección (v. 9: "... coronado de gloria y de honra..."— 1 Tim. 3:16: "... visto de los ángeles"; Juan 12:24; 14:19; Apoc. 1:18).

Conclusión

La vida del hombre sin fe personal en Cristo es una completa frustración. Por causa del pecado el ser humano sale de la inocencia de la niñez y entra en el doloroso sentido de 'vivir para la muerte'. Una desgracia tan grande como la muerte, sin embargo, está superada por "una salvación tan grande" como la que Jesús ganó para nosotros por medio de su muerte y resurrección (Heb. 2:1ss.).

Sobre la tumba de todos los hombres se ha debido escribir este epitafio: "Aquí yacen los restos de la vida, pasión y muerte de un hombre." Pues, la audacia apasionada de engendrar, nacer, crecer y vivir en plenitud debajo del sol, se cambia en el miedo de enfermar, de envejecer... y de morir, este último, cuando el corazón no está rendido al Señor Jesús, abruma la vida con el terror de la muerte.

Pero la Biblia nos da la buena nueva que la Vida, Pasión y Muerte de un hombre singular: "... santo, inocente, puro, apartado de los pecadores y exaltado más allá de los cielos" (en la victoria de la resurrección), JESUS, es nuestra victoria sobre el diabólico poder de la muerte, nuestra gozosa esperanza de gloria. En resumen: Jesucristo es nuestro perfecto Salvador:

1. Nos libera del aguijoneo de la muerte: el pecado.

2. Nos da la victoria sobre el poder del pecado que derrota y esclaviza la voluntad (Rom. 6:9, 12).

3. Nos libra de la esclavitud del miedo a la muerte, pues dice el Espíritu de Jesús que desde que Cristo murió y resucitó son "bienaventurados los muertos que... mueren en el Señor"; el Señor permite que mueran "descansarán de sus trabajos, porque sus obras con ellos siguen" (Apoc. 14:13).

Salgamos de nuestras prisiones: *de falsa confianza en nuestra fortaleza y méritos morales* como base de una vida feliz; sin Cristo el idilio de vivir es destruido por las pasiones del pecado; *del real y constante temor a la muerte;* la fe en Jesús nos brinda el perdón de nuestros pecados; el señorío de Jesucristo nos libra del poder del pecado, y nos conduce, llenos de esperanza, hasta más allá de la muerte. Incluso nuestro cadáver será sepultado envuelto en la bendita esperanza de la resurrección.

Oscar Pereira G.

LA CASA

2 Corintios 5:10
(Sepelio de una persona anciana y sorda)

I. LA CASA CERRADA

A. Una persona que como nuestro hermano ha estado privada de la facultad de la audición por tanto tiempo y de una manera radical, podríamos decir que es como una casa antigua y cerrada. Estamos delante de ella y vemos su exterior; tal vez una fachada todavía en buen estado y remozada; o quizá con un aspecto ruinoso. Pero de lo que hay en su interior no sabemos prácticamente nada.

B. Quizá admiramos la construcción deteniéndonos por un momento y nos volvemos a alejar con indiferencia. Algunas veces nos preguntamos si aquella casa no es completamente inútil: ha perdido su razón de ser y debería ser derribada.

C. Tenemos una vaga idea de cómo puede ser en su interior, pero no la conocemos en realidad: la sala de estar, los dormitorios, la cocina, los baños. Pero la forma, su totalidad, sigue siendo para nosotros enigmática.

D. ¿Qué es lo que nosotros sabemos acerca de los demás? Quizá tenemos una vaga idea de lo que tiene lugar dentro de su alma. Pero, ¿conocemos sus temores, sus decepciones, sus anhelos y sus alegrías? ¿Sabemos por qué uno es extrovertido, alegre y de apariencia feliz y otro parece amargado, mohíno y encerrado en sí mismo?

E. ¿Quién se conoce incluso a sí mismo? ¿Quién sabe incluso cómo uno mismo es? La Biblia no exagera al decir: "Somos de ayer y nada sabemos" (Job 8:9).

F. Extraños e ignorantes permanecemos delante de la muerte de otro y aun delante de su vida. Aunque sea de una forma dolorosa, somos plenamente conscientes de ello.

II. LA CASA ABIERTA

A. La Palabra de Dios nos dice, sin embargo, que la casa no permanecerá siempre enigmática y cerrada. La puerta se abrirá y dará paso al interior y la casa ajena estará abierta. Podremos reconocerla y nos sentiremos como en la propia casa. "No hay nada oculto, dice Jesús, que no haya de ser manifestado." También lo será nuestra propia personalidad.

B. Esta gran esperanza tiene su explicación. Por muy extraña que a nosotros nos parezca la casa, hasta el último rincón es conocido por

Aquél que la ha hecho construir. El sabe muy bien para qué levantó la casa. El sabe el propósito para el cual habría de servir y él quiere darnos también a conocer lo que él sabe.

III. EL PLANO DE LA CASA

A. El Constructor había trazado un plano perfecto. Sería una casa útil para los hombres, con comodidad y para aumentar la alegría de sus habitantes. Era una casa para que otros muchos encontrasen amistad. En ella podrían trabajar varios juntos, compartir su alegría y traer también fruto de otros sitios.

B. Así el Creador proyectó un lugar donde todos pudieran reunirse, otro para descansar, para limpiarse y para trabajar, y aun un jardín interior para recrearse.

IV. RECONOCIMIENTO DE LA CASA

A. Ninguna casa es igual a otra. Y, sin embargo, el propósito de todas ellas es el mismo. Delante del tribunal de Cristo será manifiesto lo que Dios se había propuesto con cada uno de nosotros cuando nos dio la vida. Se manifestará lo que realmente hemos hecho con la casa de nuestra vida.

B. Así nos habla la Palabra de Dios acerca de la muerte. Nos dice que también más allá de esta frontera debemos encontrar al Creador. El existía ya antes de nosotros y seguirá existiendo después de nosotros.

C. El traerá a la luz lo que deberíamos haber sido y lo que hemos sido en realidad mientras hemos estado en la vida de nuestro cuerpo.

V. TEMOR Y SORPRESA

A. Esta será la hora del temor. Nadie lo puede evitar. En estos momentos la casa será abierta. A cada uno nos será mostrado cuál era el plano del Divino Arquitecto y cada uno se sorprenderá de lo lejos que ha estado de ajustarse a los planos del Constructor.

B. ¿Es una casa bella que irradia alegría? ¿Es acogedora y familiar? ¿Hay en ella cooperación y disposición de ayuda? ¿O quizá es solamente una casa ruinosa lo que ofrecemos a la vista? Un montón de escombros, de polvo y basura. Algo que no sirve ya para nada sino para derribarlo.

C. Las palabras de la Biblia en este lugar son impresionantes: "Para que cada uno reciba según lo que haya hecho." Delante del tribunal será determinado, será perfectamente claro lo que hemos hecho en realidad. Allí todos nuestros intentos de remozar la fachada no servirán para nada. Nuestro Dios es en este momento el juez.

D. Pero no olvidemos que no es solamente el juez. El es también el constructor y reconstructor. El recoge los escombros del viejo edificio, quita la basura y levanta uno nuevo de acuerdo con los planes que anteriormente había hecho. Según los planos originales realiza una nueva construcción.

E. El espanto no es el último sentimiento; no es lo último el derribo de lo inútil, sino la admiración sobre lo que Dios ha dicho: "He aquí yo hago nuevas todas las cosas." Somos justificados solamente por la gracia. Este es el centro de nuestra fe. Esto trae aliento a nuestra vida y esperanza más allá de la muerte.

F. Efectivamente comparecemos delante del tribunal de Cristo, pero en aquella hora no solamente será la celebración del juicio, sino también una fiesta de inauguración donde el Divino Arquitecto reconstruirá, adecuará y determinará el destino de su propia creación.

VI. ABRAMOS LA PUERTA AHORA

A. Todo esto es verdad. Claro que yo no estoy aquí en estos momentos para probarlo. Tampoco creo que Dios necesite de mis humildes palabras para justificarse a sí mismo. En realidad estamos constantemente delante del tribunal de la vida y delante del tribunal de Cristo.

B. Hay momentos que en lo profundo de nuestro ser sentimos que efectivamente estamos delante de Jesús inevitablemente; delante del crucificado. En aquellos momentos no valen nuestras palabras de excusa. La fachada se desmorona y solamente podemos decir: "Señor, apártate de mí porque soy un hombre pecador."

C. Pero él no se aparta, sino que permanece a nuestro lado y continúa su trabajo. Derriba lo ruinoso, quita los escombros, elimina las paredes de separación y hace de nuestra casa un centro de amistad y de buena voluntad.

D. ¿Por qué no intentar abrir la puerta de nuestro corazón ahora? ¿Por qué no abrir de par en par las ventanas y dejar que entre en estos momentos la gracia de Dios? Es cierto que la primera impresión será de espanto, pero la segunda será de admiración y gratitud por la fidelidad de Dios. El es el único capaz de limpiar nuestra casa y mantenerla en orden.

Conclusión

Nuestro hermano ha pasado a la presencia del Señor. Está delante de nuestro Creador y Juez. Pero no solamente él, nosotros también en esta hora estamos constantemente delante de su tribunal. Por contradictorio que parezca, esa es nuestra gran consolación y esperanza tanto en la vida como en la muerte. Tengamos absoluta confianza de que el plan de Dios para su creación está lleno de amor y de buena voluntad para hacer de todos una morada de paz y amor, celestial y eterna.

Sindulfo Díez

PALABRAS DE CONSUELO
Juan 14:1-6.

Introducción

La separación física de un ser querido, ocasionada por la muerte, siempre causa dolor.

Jesús, que pronto iba a ausentarse de sus discípulos, pues él sabía que iba a morir crucificado, los prepara con estas palabras para el inminente trance. Aquí tenemos:

I. UNA PALABRA DE PAZ

"No se turbe vuestro corazón."

A. Es la paz de Dios.

(¡Tan necesaria en estos momentos!)

1. Paz para los creyentes, Filipenses 4:7.

2. Paz en la prueba.

   a. Jesús no prometió una vida imperturbable, exenta de luchas y conflictos. El agua que no se turba, se enturbia.

   b. La vida se conmueve con diversas pruebas, pero en medio de las vicisitudes y zozobras, puede haber un refugio invulnerable de paz en el corazón.

B. Es la paz que da Jesús.

1. La filosofía puede ayudarnos a entender y aceptar estoicamente el dolor.

2. Pero sólo Jesús puede darnos la paz del espíritu, Juan 14:27.

   a. La paz del mundo depende de las circunstancias (siempre es precaria y fugaz).

   b. La paz divina es obra del Espíritu Santo en el corazón. (El mundo no la puede dar y tampoco puede quitarla.)

   c. Por eso él puede decir: "no se turbe vuestro corazón", porque tiene poder para infundir la paz al corazón atribulado.

II. UNA PALABRA DE FE

"Creed también en mí."

A. Es una fe personal.

1. No es la fe de mi iglesia, ni de mi familia sino *mi* fe.

2. Es una experiencia subjetiva, que no puede delegarse. Nadie puede creer por mí, ni yo puedo creer en lugar de otro.

B. Es una fe en una persona.

1. En el Mesías.

   (Los discípulos creían en Jehová, así también debían creer en Jesús.)

2. En el amigo.

   a. Confiaba en ellos y mantenía una franca, fluida y espontánea amistad con ellos, Juan 15:14, 15.

   b. Se gozaba y lloraba con ellos. Acompañó a Marta y María en su dolor, Juan 11:28-37.

3. En el Hijo de Dios.

   a. El que podía decir: "Yo soy la resurrección y la vida, el que cree en mí, aunque esté muerto, vivirá. Y todo aquel que vive y cree en mí, no morirá eternamente" (Juan 11:25, 26).

   b. El que murió y resucitó. Ascendió a los cielos e intercede por nosotros. Por eso es digno de nuestra confianza, tengamos fe en él.

C. Es una fe eficaz.

1. Es lo que marca la diferencia con el que no cree. Le permite afrontar con entereza y valor las adversidades.

2. No excluye la tristeza. Jesús también estuvo triste (Mt. 26:38); es natural y humano; pero aunque tristes, *no desesperados, sino confiados.*

III. UNA PALABRA DE ESPERANZA

"Voy pues a preparar lugar para vosotros."

A. Esperanza del cielo.

1. Hay moradas preparadas para los que están preparados.

2. Pablo estaba seguro de que partir del cuerpo era "estar con Cristo lo cual es muchísimo mejor" Filipenses 1:23. Véase también 2 Corintios 5:1, 6-8.

B. Esperanza de la eternidad.

1. En la resurrección de los muertos.
   Cuando Cristo venga en su segunda venida, traerá a los que murieron creyendo en él, 1 Tesalonicenses 4:13, 14.

2. En la vida eterna.
   Los que vivan en ese momento, se unirán a ellos, y estarán para siempre con Cristo, 1 Tesalonicenses 4:15-17. Esta es nuestra esperanza segura, que debe ser nuestro consuelo, 1 Tesalonicenses 4:18.

Conclusión

Jesús había venido a dar a conocer a Dios, a hacer real su presencia entre los hombres. Ahora, él se ausentaría. Moriría y se iría al cielo con su Padre. Pero dejaba un camino abierto, que era él mismo (Juan 14:6). Todo el que cree en Jesús puede tener comunión con Dios, paz, confianza y esperanza.

Víctor Jesús Cabrera

LA TRILOGIA DEL CONSUELO
1 Tesalonicenses 4:13-18

Introducción

El desconsuelo con que la comunidad de la fe en Tesalónica enfrentaba la muerte de los santos, es ocasión para que el apóstol Pablo, en una reconsideración de los cimientos de la fe cristiana, presente a la iglesia la trilogía del consuelo. Pese al correr del tiempo, estos elementos continúan alentando la esperanza del cristiano ante la adversidad.

I. EL CRISTIANO ES CONSOLADO EN LA ADVERSIDAD POR LA PALABRA DE LA RESURRECCION DE CRISTO

A. La resurrección es la culminación de su encarnación.

1. Da cumplimiento a las promesas que Cristo hizo en relación con la vida.

   a. Prometió el paso de la muerte a la vida. Juan 5:24-26.

   b. Prometió que la fe en él, da abolición a la muerte eterna. Juan 11:25-27.

2. Da cumplimiento a la promesa que Cristo hizo en relación con su presencia.

   a. Su presencia es advertida y gozada por su pueblo. Juan 14:19.

B. La resurrección autentifica la experiencia cristiana.

  1. Da realidad al perdón de pecados.

     a. Vence lo que para nosotros es invisible. 1 Corintios 15:17-20.

     b. Su resurrección nos justifica. Romanos 4:25.

     c. Nos sentó en lugares con Cristo. Efesios 2:5, 6.

  2. Da autoridad a la predicación.

     a. Esta era parte fundamental del mensaje (kerígma) cristiano. Hechos 2:14-36; 5:29-31.

II. EL CRISTIANO ES CONSOLADO EN LA ADVERSIDAD POR LA PALABRA DEL REINADO DE CRISTO

A. El reinado de Cristo garantiza la disposición de su poder.

  1. El poder de Cristo ayuda a sobrellevar las carencias.

     a. Nos fortalece en situaciones extremas. Filipenses 4:13.

  2. El poder de Cristo convierte la tristeza en bendición.

     a. Nos consuela para la consolación. 2 Corintios 1:3-5.

B. El reinado de Cristo habilita su intercesión.

  1. Su intercesión asegura la preservación de los suyos.

     a. Nos guarda de la condenación. Romanos 8:34.

  2. Su intercesión asegura la victoria en la lucha diaria.

     a. Media por su simpatía. Hebreos 2:17, 18.

     b. Nos da confianza para acercarnos a su gracia. Hebreos 4:14-16.

III. EL CRISTIANO ES CONSOLADO EN LA ADVERSIDAD POR LA PALABRA DE LA SEGUNDA VENIDA DE CRISTO

A. El retorno de Cristo efectuará la resurrección de los muertos.

  1. Cumplirá la expectación escatológica de los santos.

     a. Cristo traerá consigo a los suyos. 1 Tesalonicenses 4:14.

     b. Despertará del sueño a sus siervos. Juan 11:24-27.

  2. Marcará el fin del sueño de los justos.

     a. Traerá a la vida a nuestros amados. 1 Tesalonicenses 4:14.

B. El retorno de Cristo traerá la participación eterna de su gloria.
  1. La participación de su gozo.
     a. Traerá la desaparición del dolor.
  2. La participación de su galardón.
     a. Traerá su galardón fielmente. 2 Timoteo 4:7.
     b. Lo traerá pronto. Apocalipsis 22:12.
     c. Lo traerá en cumplimiento de su promesa. Hebreos 10:35-37.

Conclusión

Ante la adversidad y el desconsuelo, el cristiano de hoy puede encontrar el mismo aliento que experimentara el apóstol Pablo cuando declaró: "Para mí, el vivir es Cristo, y el morir es ganancia."

Jorge E. Garay

LA RESURRECCION
1 Corintios 15

Introducción

Resucitar significa volver de la muerte a la vida. Este es un fenómeno que se dará a su tiempo y que merece nuestra consideración cuidadosa.

I. LA RESURRECCION ES UNA REALIDAD Y UN MISTERIO

A. Es una realidad enseñada por nuestro Señor Jesucristo (Juan 11:23-25) y también por los apóstoles (1 Cor. 15; 1 Tes. 4:13-18).

B. Es una realidad demostrada: Lázaro resucitó (Juan 11:44). El hijo de la viuda de Naín (Luc. 7:11-16). La hija de Jairo (Mar. 5:22-24). Jesucristo mismo resucitó (Luc. 24:6; 1 Cor. 15:20).

C. Es un misterio en tanto que no sabemos cómo se realizará este fenómeno. Sólo sabemos que sembramos cuerpo material y se levantará cuerpo espiritual. Así que sembramos una semilla de trigo, maíz o cualquier semilla y lo que brota es una planta muy diferente a la forma de la semilla, en color y dimensiones (1 Cor. 15:35-38).

II. TODOS LOS MUERTOS RESUCITARAN

A. Observemos que esta realidad se dará en el futuro. No sabemos cuándo, pero así será. Dios sabe el tiempo. La Biblia dice que cuando Jesucristo entregue el reino al Dios y Padre, cuando haya suprimido todo dominio, toda autoridad y potencia. Porque preciso es que él reine hasta que haya puesto a todos sus enemigos debajo de sus pies (1 Cor. 15:24-26).

B. Unos se levantarán a resurrección de vida (Juan 5:29). Estos son los que creen en Jesucristo y aceptan la salvación que ofrece. Son los que entregan su vida y su confianza al Hijo de Dios y viven en la gracia redentora.

C. Otros se levantarán a resurrección de condenación (Juan 5:29). Daniel dijo: "Unos se levantarán para vida eterna y otros para vergüenza y confusión (Dan. 12:2).

El que en él cree, no es condenado (Juan 3:18), pero el que no cree, ya ha sido condenado, porque no ha creído en el nombre del unigénito Hijo de Dios (Juan 3:18).

Creer incluye: Oír la Palabra, volverse a Dios con un corazón contrito y humillado, aceptar a Jesucristo como su Señor y Salvador y vivir de acuerdo con su Palabra todos los días.

III. ¿QUIEN DECIDE COMO RESUCITAREMOS?

A. Cada individuo decide cómo va a resucitar. Esta es una de nuestras prerrogativas. Cada persona es el arquitecto de su destino (1 Cor. 3:10-15).

Dios dice: Yo pongo delante de ti la vida y la muerte, la bendición y la maldición, escoge, pues, la vida para que vivas tú y tu descendencia (Deut. 30:15, 19).

B. ¿Cuándo hay que decidirlo? Ahora mismo. Muchos piensan que a la hora de la muerte con un buen arrepentimiento todo se arregla. La Biblia dice que a la hora de la muerte no hay memoria de Dios (Sal. 6:5). Ya no hay oportunidad.

Hoy es el día de salvación (2 Cor. 6:2).
Si hoy oyereis su voz (Heb. 3:7, 8; 4:7).
Hoy es el día, no mañana, no a la hora de la muerte.

Conclusión

La resurrección es una realidad, que aunque no entendamos cómo se efectuará, Dios lo hará a su tiempo. Jesucristo dijo: "Yo soy la resurrección y la vida, el que cree en mí aunque esté muerto vivirá" (Juan 11:25).

Todos los muertos resucitarán. Unos para resurrección de vida y otros para resurrección de condenación.

Tú decides, aquí y ahora, si resucitas para vida o para condenación. Acepta a Jesucristo ahora que puedes y asegura ese futuro.

Ilustración:

Roberto era hijo de una familia cristiana. Sus padres eran fieles a la iglesia, pero Roberto nunca quiso aceptar a Jesucristo como su Salvador. Esto llenaba de tristeza a la familia. Un día, Roberto acompañó a sus padres a la iglesia dado que había una campaña de evangelización. Cuando regresaron a casa Roberto comentó con sus padres que esa noche había estado a punto de recibir a Jesucristo como su Salvador.

—¿Por qué no lo hiciste? —preguntó su madre con ansiedad.

Roberto contestó:

—Bueno, sí entiendo que necesito a Jesucristo y que debo entregarle mi vida, pero necesito arreglar algunos asuntos personales antes de hacerlo, antes de que el predicador se vaya le entregaré mi vida a Jesús.

Al siguiente día, Roberto salió de su casa pero no volvió. Sus padres fueron avisados de que había muerto en un accidente automovilístico. Lo entendió, lo quiso hacer, pero lo dejó para mañana y el mañana no llegó.

José S. Vélez

¿QUE ES LA VIDA?
Santiago 4:14, 17.

Introducción

La filosofía, la teología y la biología han tratado a través de la historia de responder a la pregunta: ¿Qué es la vida? Estos conocimientos humanos han sido insuficientes debido a que la respuesta no es tan fácil como parece. Por otra parte, la persona que nos formula la pregunta no es filósofo ni teólogo, y mucho menos biólogo ni con conocimientos especializados en buscar una respuesta al origen de la vida.

Santiago es un hombre práctico y sencillo, y cuando él pregunta qué es la vida, nos responde: "Ciertamente es neblina que se aparece por un poco de tiempo, y luego se desvanece." Vamos entonces a pensar, desde un punto de vista práctico en el significado de la vida.

I. LA VIDA ES UN DEPOSITO DE DIOS

A. Dios es el autor de la vida. Esta verdad no la ignoramos; aunque reconocemos que existen muchas afirmaciones que enseñan otras cosas, nosotros partimos de la teología cristiana que nos dice que Dios es el autor y origen de la vida.

B. Luego, si Dios es el autor de la vida, ello quiere decir que nosotros, todos los seres humanos, somos simples mayordomos. La mayordomía cristiana nos señala con toda claridad que siendo Dios el autor de la vida nosotros debemos responder ante él de la vida que nos ha sido entregada.

C. Es fácil comprender que si Dios nos ha hecho mayordomos de nuestra vida, luego somos responsables de la forma en que estamos dirigiéndola. Algunas personas tienen por costumbre decir: "Mi vida es mía, y yo puedo hacer de ella lo que quiera." Este es un concepto equivocado, ya que la Biblia dice: "la obra de cada uno se hará manifiesta; porque el día la declarará. . ." 1 Corintios 3:13. "Porque es necesario que todos nosotros comparezcamos ante el tribunal de Cristo, para que cada uno reciba según lo que haya hecho mientras estaba en el cuerpo, sea bueno o sea malo." 2 Corintios 5:10.

D. La responsabilidad de dirigir nuestra vida es, indudablemente, una de las funciones más serias que Dios ha puesto en nuestras manos. Para muchas personas la vida es algo así como un teatro, donde se entra, se mira y se sale. Es decir, se vive sin ningún propósito claro y definido, y salimos de esta vida sin haber cumplido con los propósitos que Dios tuvo al darnos el privilegio de venir a este mundo.

II. LA VIDA ES UNA ESCUELA

A. Si la vida es una escuela, entonces ¿cuál podría ser nuestro deber? Tenemos que iniciar todos nuestros pasos matriculándonos en la escuela de la vida. En esa escuela tendremos la oportunidad de aprender dos lecciones muy importantes:

B. La primera lección que aprendemos es la lección de nuestra propia incapacidad. No importa cuántos conocimientos y formación profesional podamos tener, tenemos que reconocer que somos incapaces, y que estamos limitados para dirigir nuestra vida. Grandes hombres, grandes pensadores, grandes políticos han terminado con su vida. Uno de los presidentes del Brasil, Getulio Vargas, antes de quitarse la vida en la casa presidencial le dijo a su pueblo: "Ya les ofrecí mi vida, hoy les entrego mi muerte." Esa experiencia se vive cada día, por una sencilla razón, somos incapaces para dirigir nuestra vida y en determinadas experiencias, al no saber qué hacer, terminamos con el suicidio o la desesperación.

C. La segunda lección que aprendemos en la escuela de la vida es la lección de nuestra propia insuficiencia. Qué difícil es para el ser humano reconocer y tener que aceptar que es insuficiente. A la vez que es difícil es maravilloso porque cuando se reconoce que se es insuficiente en todos los caminos de nuestra vida es cuando se reconoce que dependemos de Dios. Los recursos y conocimientos humanos fallan, y ello nos obliga a acudir a Dios y aceptar nuestra propia insuficiencia. Depender de Dios es reconocer su soberanía, su autoridad, es aceptar que nada se mueve sin sus designios. Es reconocer que podemos ser suficientes a medida que tenemos en él el centro de nuestra vida.

D. Matricúlese en la escuela de la vida, sea un buen discípulo; tenga como Maestro al autor de la vida y podrá gozar de bellas y hermosas experiencias.

E. Nuestro Señor Jesucristo dijo: "Yo soy la vid y vosotros los pámpanos." Ello quiere decir que debemos permanecer en Cristo y ser partícipes de su naturaleza. La vida fluye de la vid, y entonces podemos decir, no ya yo, mas Cristo en mí. La vida es insuficiente e infructuosa. Hay almas cansadas y agotadas, sedientas y amargadas, por no querer reconocer su insuficiencia y su incapacidad en el árido camino de este mundo.

III. LA VIDA ES UNA RELACION CON LA VIDA ETERNA

A. Somos de la muerte, pero pertenecemos a la eternidad. No es cierto que la muerte termina con todo. Nuestra vida es como un fragmento que nos enfrenta con la vida eterna.

B. La Biblia dice que se establece para los hombres que mueran una sola vez y después de esto el juicio. Hebreos 9:27. Nuestro Señor Jesucristo dijo: "No se turbe vuestro corazón; creéis en Dios, creed también en mí. En la casa de mi Padre muchas moradas hay; si así no fuera, yo os lo hubiera dicho; voy, pues, a preparar lugar para vosotros. Y si me fuere y os preparare lugar, vendré otra vez, y os tomaré a mí mismo, para que donde yo estoy, vosotros también estéis", Juan 14:1, 3.

C. Debemos estar seguros de que al morir tendremos una morada en el cielo. Como la vida física es una realidad, así es también la vida eterna en Cristo Jesús.
El Señor declaró que él había venido al mundo para que todos los hombres tuvieran seguridad de la vida eterna. El propósito de Dios es que ninguna persona se pierda.

D. La vida es una unidad que no puede ser dividida porque ella tiene una función total, tanto física como espiritual. Por su parte el apóstol Pablo afirmaba que la vida es un bien, no sólo presente, sino también venidero, y que la verdadera vida ya no está sujeta a los límites de este mundo, Romanos 7:1, 13.
El hombre debe vivir de tal manera que pueda tener un encuentro con la vida eterna que es Cristo Jesús.

Conclusión

La Biblia enseña que los cristianos al morir gozan de la presencia del Señor.

Porque sabemos que si nuestra morada terrestre, este tabernáculo, se deshiciere, tenemos de Dios un edificio, una casa no hecha de manos, eterna, en los cielos... pero confiamos, y más quisiéramos estar ausentes, del cuerpo, y presentes al Señor. Por tanto procuramos también, o ausentes o presentes, serle agradables. 2 Corintios 5:1, 6, 8, 9.

La himnología cristiana nos recuerda estos pensamientos:

Hay un mundo feliz más allá,
donde moran los santos en luz,
tributando eterno loor,
al invicto y glorioso Jesús.

En el mundo feliz
reinaremos con nuestro Señor,
En el mundo feliz
reinaremos con nuestro Señor.

Para siempre en el mundo feliz,
con los santos daremos loor,
triunfante y glorioso Jesús,
a Jesús, nuestro Rey y Señor.

(Himno 508 del Himnario Bautista.)

Oración:

Oh Dios de toda bondad, fuente de luz y de consuelo, danos paciencia para sufrir la separación de nuestros seres queridos, y ayúdanos a ser fieles a nuestro Señor Jesucristo, porque tú eres el autor de la vida. Amén.

Adrián González Quirós

UNA VIDA QUE VALE LA PENA
Salmo 90:1-12

Propósito:

Confortar a los que sufren por la pérdida de un ser querido, enseñándoles que podemos, dependiendo del Señor, vivir una vida que vale la pena.

Introducción

1. Los Salmos son una colección de cánticos judíos (himnos de alabanza, acción de gracias, lamentaciones y pedagogía religiosa).

2. Los Salmos eran usados en diferentes ocasiones (ocasiones tristes, fúnebres, dificultades y tribulaciones, celebraciones matrimoniales, etc.).

3. El Salmo 90 es parte de la colección de himnos judíos.
   a. Los Salmos están divididos en cinco diferentes libros.
   b. El Salmo 90 es parte del cuarto libro.
   c. El tema del Salmo 90 es: "El contraste entre la debilidad humana y la gloria de Dios."

4. Lo que podemos aprender del Salmo 90.

I. REALIDADES CONTENIDAS EN EL CONTEXTO DEL SALMO

A. La inscripción en el encabezamiento del Salmo da la autoría a Moisés, "Siervo de Dios":

   1. Este es posiblemente un título honorífico.

   2. Las inscripciones fueron agregadas por los impresores.

   3. El lenguaje de este Salmo es semejante a los cánticos mosaicos de Deuteronomio (32 y 33).

B. El Salmo fue escrito, posiblemente, durante una tragedia.

C. La situación es vista como un juicio de Dios.

II. REALIDADES CONTENIDAS EN EL TEXTO DEL SALMO (vv. 1-11)

A. Lo finito del hombre comparado con lo infinito de Dios (vv. 1-6).

B. La imperfección humana (vv. 7, 8).

C. La corta duración de nuestra vida (vv. 9, 10).

D. La justa retribución de Dios (v. 11).

III. REALIDADES ENSEÑADAS EN EL SALMO QUE NECESITAMOS SEGUIR (v. 12)

A. Necesitamos estar conscientes de nuestra inahibilidad:

   1. "Enséñanos. . ." y su significado.

    a. Es una súplica que demuestra cierto grado de ineptitud personal.

    b. Es una oración solicitando ayuda del Ser superior.

  2. "Enséñanos..." requiere instrucción personal y la muestra visible.

B. Necesitamos vivir con un sentido de propósito: "Enséñanos a contar nuestros días de tal manera..."

C. Necesitamos añadir sabiduría a nuestras vidas, "... que traigamos al corazón sabiduría".

  1. La sabiduría es adquirida.

  2. Cómo obtener sabiduría (Prov. 1:7).

Conclusión

1. En el transcurso de nuestras vidas necesitamos tomar tiempo para reflexionar.

2. La vida es corta y humanamente incontrolable.

3. Nuestra dependencia puede ser puesta diariamente en el infinito y todopoderoso Dios.

4. Una vida de temor completo a Dios, y una dependencia completa de su poder, es la única vida que vale la pena.

Geriel S. De Oliveira

LA VICTORIA SOBRE LA MUERTE
1 Corintios 15:50-58

Propósito:

Ayudar a los afligidos por la muerte de una persona querida a entender que la muerte no es final, sino transitoria, y los que se apropiaron del sacrificio de Cristo mientras estaban aquí en este mundo, están listos para vivir en el mundo venidero.

Introducción

1. El propósito central del capítulo 15 de 1 Corintios: "Una exposición de la doctrina de la resurrección":

    a. Esta doctrina es básica para la fe de la iglesia.

    b. Esta doctrina es derivada del sacrificio hecho por Cristo.

(1) Su muerte fue real, no un simple desmayo (1 Cor. 15:3).

(2) Su muerte fue vicaria, en sustitución por nuestros pecados (v. 3).

(3) Su muerte fue de acuerdo con las Escrituras (v. 3).

2. La enseñanza central de esta doctrina es la resurrección de Cristo:

a. La resurrección es un hecho histórico.

b. La resurrección es un hecho comprobado por diversos testigos (vv. 5 y 6).

c. La resurrección es la victoria completa sobre la muerte.

3. El corolario central de esta doctrina es que el cristiano también resucitará de los muertos (vv. 12-20).

a. Si no hay resurrección de los muertos, Cristo no resucitó (vv. 12, 13).

b. Si Cristo no resucitó, nuestra fe es vana (v. 13).

c. Si Cristo no resucitó, la predicación de la iglesia es falsa (v. 14).

d. Si Cristo no resucitó, los apóstoles eran impostores (v. 15).

e. Si Cristo no resucitó, el mundo todavía está bajo la maldición del pecado (v. 17).

f. Cristo resucitó, y esto es la garantía de que nosotros resucitaremos también (v. 20).

I. TAL CUAL SOMOS, NO ESTAMOS LISTOS PARA HEREDAR LA VIDA ETERNA

A. El hombre es una persona (1 Cor. 15:35-50).

1. Está compuesto de dos partes, una humana y otra divina (vv. 35-44).

2. La parte humana, el cuerpo (la carne), no podrá heredar el reino de los cielos (vv. 45, 46).

3. El hombre, como es, está bajo condenación eterna (v. 47).

B. El hombre llegó a este estado como resultado del pecado (Rom. 5:12-21).

1. La creación de Dios fue perfecta.

2. Por el hombre entró el pecado en este mundo (v. 12).

3. La naturaleza pecaminosa del hombre le impide heredar la vida eterna.

II. TENDRA QUE HABER CAMBIOS EN EL SER HUMANO ANTES DE QUE PUEDA HEREDAR LA VIDA ETERNA (1 Cor. 15:53 y 54)

A. Los cambios son notables

1. De un cuerpo corruptible, a incorruptible (v. 53).

2. De un cuerpo de deshonra, a un futuro de glorias (v. 54).

3. De un cuerpo débil, a un futuro de poder.

B. Los cambios son permanentes (1 Cor. 15:24-27).

1. Toda la autoridad está bajo Cristo, y no del hombre (v. 24).

2. La muerte está bajo Cristo (v. 25).

3. Nuestra dependencia está en Cristo (v. 27).

III. LOS CAMBIOS SON GARANTIZADOS MIENTRAS ESTAMOS EN ESTE MUNDO

A. Están basados en la afirmación bíblica.

1. El hombre puede obtener vida eterna (Juan 3:16).

2. Todos probarán la muerte física (Heb. 9:27).

3. Hay vida después de la muerte (Juan 3:16).

B. Están basados en la promesa de Dios (Ef. 2:8, 9):

1. No es por obras (v. 9).

2. Es un don exclusivo de Dios (v. 8).

3. Es la respuesta a la fe humana (v. 8).

C. Están basados en la experiencia humana:

1. La paz alcanzada.

2. La confianza y la fuerza para seguir adelante.

IV. LOS CAMBIOS SERAN ADQUIRIDOS CUANDO CRISTO REGRESE (1 Cor. 15:51-58):

A. Todos los salvos serán transformados (v. 51).

B. La garantía de su regreso (vv. 52-58):

1. Está basada en el hecho histórico de su resurrección (v. 57).

2. Está basada en su promesa (v. 58).

Conclusión

1. La muerte es la transición natural de esta vida a un mundo futuro.
2. La muerte no es más algo desconocido.
3. La muerte no es el final de todo.
4. Hay esperanza para los que mueren en Cristo.
5. En la resurrección está la garantía de una vida eterna con Cristo.

                                                        Geriel S. De Oliveira

MAS ALLA DE ESTA VIDA

Introducción

Podemos intentar negar la muerte y evitar siquiera su mención o hermosearla con flores u otros medios, pero la muerte suele ser la experiencia última más permanente que encara una persona o una familia. ¿Tiene el evangelio, que es buenas noticias, algo positivo para decir en este caso tan devastador para tantos?

I. LA PREGUNTA DE LOS SIGLOS: "Si el hombre muriere, ¿volverá a vivir? (Job 14:14).

   A. Después el mismo Job se sobrepone a su interrogante y responde con fe: "Yo sé que mi Redentor vive, y al fin se levantará sobre el polvo; y después de deshecha esta mi piel, en mi carne he de ver a Dios; al cual veré por mí mismo, y mis ojos lo verán, y no otro. . ." (Job 19:25-27).

   B. El rey David expresó algo parecido, sea en fe o en resignación: "Mas ahora que ha muerto, ¿para qué he de ayunar? ¿Podré yo hacerle volver? ¡Yo voy a él, mas él no volverá a mí!" (2 Sam. 12:23).

II. LA FE EN LA PRUEBA

   A. Tocante a su hermano Lázaro, el dolor de Marta se modera por creer: "Yo sé que resucitará en la resurrección, en el día postrero" (Juan 11:24). Por cierto, no por ello desapareció del todo su tristeza; y es lógico que haya sido así, pues ella era humana.

   B. Igualmente, en circunstancias semejantes, nuestro dolor persiste, pero no como "los otros que no tienen esperanza" (1 Tes. 4:13). Las lágrimas llegan a tener un arco iris.

III. LA FE EN LA COMPROBACION

A. Cristo promete: "Porque yo vivo, vosotros también viviréis" (Juan 14:19).

B. Y luego lo comprueba con su propia muerte y vida: "Mas ahora Cristo ha resucitado de los muertos; primicias de los que durmieron es hecho" (1 Cor. 15:20).

IV. EL MEDIO DE ASEGURARSE DE LA REALIZACION DE ESTA ESPERANZA
La fe en el Señor Jesucristo (Juan 6:35-40).

A. Cristo es el que satisface (v. 35).

B. Es peligroso no aceptarlo, pues la salvación está sólo en él (vv. 36, 37).

C. La voluntad de Dios es la salvación (vv. 38, 39).

D. "Que todo aquel que mira al Hijo y cree en él tenga vida eterna, y que yo lo resucite en el día final" (v. 40).

Conclusión

La fe nos da consuelo y esperanza en lo que dijo Jesucristo (Juan 14:1-3).

Ilustración

La Biblia nos cuenta la muerte de Esteban, quien fue martirizado por su testimonio de fe en Cristo (Hech. 7:59, 60). Y a través de los siglos, en una muerte violenta o natural, muchos en sus últimos momentos han expresado su confianza en el Señor. Guillermo MacDonald, pionero de la obra bautista en Chile, exclamó: "Voy a mi hogar." La madre de quien escribe esto dijo: "Acabo de tener un sueño tan hermoso."

Cecilio McConnell M.

VIDA TRAS LA MUERTE
Job 14:14, y 19:25-27

Introducción

La suprema pregunta: ¿Si el hombre muriere volverá a vivir? Es un lejano interrogante que, como un eco, ha venido rebotando de siglo en siglo hasta nosotros, y es una seria cuestión para reflexionar.

Tan viejísimo misterio es descubierto por las Sagradas Escrituras, pienso que tiene una doble razón de ser: satisfacer la piadosa inquietud espiritual de quien busca a Dios, y avisar, no coaccionar la incredulidad del escéptico que se burla de Dios por la vida y por la muerte.

Con todo, la muerte, tan temida por tantos, es lo más importante para prevenir mientras se vive, porque lleva de un solo e inesperado golpe a la eternidad, a ese oculto y enigmático *más allá*, para permanecer junto a Dios o lejos de él, para siempre.

Lo que Job plantea, en su libro sobre el problema del sufrimiento humano, es tan actual como el nacer y el fenecer que vemos en torno a nosotros, como incesante movimiento pendular por el que se toma y se deja la vida temporal.

Quisiera, por la causa que aquí nos reúne, iluminar un poco al tema que nos ocupa en este culto especial. En este acto memorial de quien, ya en la presencia de Dios, está como prestando su último servicio de testigo fiel al Señor que sirvió por largos años.

I. MANERA EN QUE LOS CREYENTES VEN LA MUERTE

A. Debemos todos saber, y aceptar, que la muerte no es para desearla, tampoco para temerla, pero sí para esperarla en la plena confianza de Aquél que venció la tumba y volvió a vivir glorioso e inmortal. Porque: "sea que vivamos o que muramos, del Señor somos", nos dice la Palabra.

B. Nuestro recordado hermano, ya fue promovido a la patria celestial tras muchos años de consagrada entrega al servicio de su Señor y Rey. Sabiendo en quién había creído, y que le esperaba al final del camino para introducirlo en la morada preparada para él por su fe en Jesucristo.

C. Todo el aspecto trágico y frío de la muerte, pierde sus más tétricos y oscuros colores, cuando se conocen los propósitos divinos por los cuales vivir hasta el fin de nuestros días aquí, y ser transformados por él y para él como súbditos de su reino sempiterno.

D. La fe de los redimidos por Jesús, hace sentir que morir en el Señor no sólo ha separado el cuerpo del espíritu, sino que ha liberado el alma de su cárcel de carne, para vivir en cuerpo espiritual, sin las cadenas del dolor, la enfermedad, y la aflicción que en cuerpo y espíritu soportó en este mundo.

Es maravilloso tener conciencia de que no depara a los creyentes en Cristo ni condenación, ni purgación de culpa al haber sido justificados por la fe en el sacrificio que hizo nuestro abogado, quien será Juez en aquel día de los rebeldes hasta el fin.

II. ¿POR QUE TEME LA GENTE?

A. Pero yo me pregunto: ¿por qué la gente teme más morir que pecar? Creo que la respuesta es: porque ignoran que el pecado es el aguijón de la muerte, lo que la hace eterna y amarga, lejos de Dios, por falta de arrepentimiento para ser perdonados por Dios, que quiere: "que todos los hombres sean salvos, y vengan al conocimiento de la verdad".

B. Tanto nuestro difunto hermano como nosotros creemos que la fuerza del mensaje de Job no está en su pregunta como si dudara de la resurrección; lo esencial es su poderosa afirmación, como contestándose a sí mismo: "Yo sé que mi Redentor vive... y mis ojos lo verán, y no otro."

C. Tal seguridad fue la que siempre sostuvo la fe de testimonio del que hoy recordamos en este culto memorial, dedicando su vida, tanto en la salud como en la enfermedad que había de llevarlo al sueño de los justos.

D. El pecado es más temible que la muerte física porque conduce a sufrir la muerte espiritual o segunda muerte, que es la condenación. Por eso somos llamados a la proclamación del evangelio salvador, y advertir de los riesgos del pecado no perdonado que aleja de Dios. Quizá nadie se atreva a reírse de la muerte, por su macabra imagen que asusta y atemoriza, pero se burlan del pecado y sus consecuencias, como si se pudiera alguien reír de Dios impunemente.

Conclusión

No poca gente que escucha este mensaje memorial póstumo, recordando al hombre de Dios que fue nuestro hermano, lo oye como si oyera llover, como si con él no fuera ni le afectara nada de cuanto se dice, pero tal disposición de corazón no anula los efectos establecidos por el Señor.

Sepan todos que no nos reunimos hoy aquí para interceder a favor del alma que ya goza de la promesa de Dios. Esta plática "post mortem" de un hijo de Dios es para alertar a los que viven sin la fe que da la VIDA, a fin de que reaccionen sabiamente por amor a sus almas.

Tampoco queremos olvidar en este culto a los familiares del que ya duerme en el Señor para darles una palabra de aliento, compartiendo su pena, y poniéndolos en las manos del Dios de toda consolación.

A quienes formamos la familia de Dios, decirles que el ejemplo de fe de quien recordamos en Cristo, sea inspirador para nosotros en cuanto fue imitación de Cristo y para su honra en cielos y tierra.

Traigo la pregunta inicial al final de mis palabras: Cuando el hombre muera, ¿volverá a vivir? Sí, hay otra vida y otra muerte en la que desembocan los seres humanos: VIDA ETERNA para quienes el vivir es Cristo, y MUERTE ETERNA para los que el morir no es ganancia, sino pérdida sin fin por falta de fe, obediencia y amor a Cristo en su cotidiano vivir. Reflexionad amigos, porque como alguien ha dicho: "La vida es corta, la muerte es cierta y la eternidad es larga."

Ataulfo Simarro

BIENAVENTURADOS LOS QUE MUEREN EN EL SEÑOR

Apocalipsis 14:13

Introducción

Estamos reunidos aquí para decir: "Hasta pronto" al que fue nuestro familiar y hermano en fe, Apolinar Villegas. No es este un acto religioso para hacer algo a favor de él, a fin de mejorar su estado o salvar su alma. No tenemos autoridad para corregir lo que él y Dios ya hicieron. El decidió mientras estaba en vida aquí vivir en fe y en obediencia a Cristo, y ahora disfruta de los resultados de lo que eligió: estar en la presencia de su Salvador y Maestro. Este es un acto espiritual de alabanza y gratitud a Dios por lo que nuestro hermano significó para su familia y para su iglesia. Es un testimonio acerca de su fe y vida cristiana. Es también una oportunidad de ofrecer simpatía, consuelo, ánimo y fortaleza a la familia que queda en la tierra.

I. **LA MUERTE SIEMPRE IMPRESIONA**

A. Aunque quedan ya pocas cosas que nos asombren, aunque estemos acostumbrados y endurecidos, siempre quedamos impresionados por la experiencia de la muerte.

B. Aunque no queremos pensar ni hablar acerca de ella, la muerte siempre nos hace pensar. En realidad no tenemos palabras apropiadas para expresarnos. Nos domina la ignorancia, el temor y la superstición.

C. Acudamos a Jesucristo. El sí tiene autoridad y palabras apropiadas. El es el eterno Hijo de Dios, el Salvador, él es el Señor. El nos revela la mente y el corazón de Dios. Acudamos a aquel que sabe decir: "Yo soy el camino, y la verdad, y la vida; nadie viene al Padre sino por mí." "Yo soy la resurrección y la vida; el que cree en mí, aunque esté muerto, vivirá." "En la casa de mi Padre muchas moradas hay; . . . voy, pues, a preparar lugar para vosotros."

D. En Cristo hallamos siempre la autoridad, la explicación, el consuelo y la fortaleza que necesitamos.

E. Leamos la Palabra de Dios, ella da testimonio de Cristo y contiene las enseñanzas de Jesús. Leer en Apocalipsis 14:13.

II. **"BIENAVENTURADOS DE AQUI EN ADELANTE LOS MUERTOS. . ."**

A. Palabras extrañas. La palabra *bienaventurado* significa *dos veces feliz*. ¿Cómo pueden ser bienaventurados los muertos?

B. No todos, sólo aquellos que cumplen unas condiciones.

III. "QUE MUEREN EN EL SEÑOR..."

A. Son bienaventurados aquellos que han puesto su fe, confianza y esperanza en Jesucristo. Muchos confían en otras cosas, pero esos otros caminos no llevan a la vida eterna.

B. Los que mueren en el Señor son bienaventurados porque viven en comunión con Cristo. Han encontrado el perdón de sus pecados, han hallado la paz y el gozo del Espíritu, han recibido la vida eterna, tienen la luz que ilumina las tinieblas de la ignorancia y de los temores, comen del pan que sacia el alma.

C. Son bienaventurados porque al partir van a estar con el Señor. Jesucristo nos dice en Juan 17:24: "Padre, aquellos que me has dado, quiero que donde yo estoy, ellos estén también conmigo..." Estas palabras se están cumpliendo ahora mismo con nuestro hermano que partió. ¿Puede cada uno de ustedes hacer suyas estas palabras? Quiera Dios que sí.

IV. DESCANSARAN DE SUS TRABAJOS, PORQUE SUS OBRAS CON ELLOS SIGUEN..."

A. Descansan de sus fatigas, cargas y debilidades. Se liberan de este cuerpo sujeto a limitaciones, enfermedades, dolores y sufrimientos. Se liberan de cargas y luchas. Se liberan de la presencia e influencia del pecado.

B. De aquí no nos llevamos nada. Todo queda: títulos, propiedades y glorias humanas. Tengamos poco o mucho, todo queda. Sólo nos llevamos aquello que hayamos depositado en el Banco del reino de Dios. Allá sólo admiten valores espirituales y morales, como la fe, la esperanza y el amor.

C. Nuestras buenas obras nos siguen. No hacemos obras para salvarnos, pero sí para manifestar la realidad de la nueva vida en Cristo que obtenemos por su poder y gracia obrando en nosotros.

Conclusión

No veamos la muerte como una tragedia, sino como una liberación y una oportunidad. Reconocemos que la separación es siempre dolorosa. Todos lo hemos experimentado o lo experimentaremos. Pero los hijos de Dios se sienten bienaventurados (dos veces feliz) aun en medio de la pena y del dolor.

La muerte llega en cualquier momento. Unas veces nos va avisando (enfermedad o vejez), pero otras veces no avisa, se presenta de improviso. Llama a todos y no respeta edad ni condición. Es de sabios estar preparados, como nuestro hermano lo estaba.

Somos cuidadosos y precavidos en hacernos con seguros de diversa clase que garantizan nuestra protección en la tierra. ¿Por qué no ser así de prudentes en lo que se refiere a la vida después de la muerte? Para esa situación sólo hay un seguro válido: Jesucristo.

José Luis Martínez

UN ENCUENTRO CON LA TRISTEZA
Juan 16:22, 23

Introducción

Cristo estaba frente a la realidad de la cruz. Nosotros nos encontramos hoy ante el hecho de la muerte.

La tremenda realidad de la cruz pesaba en el ambiente, los discípulos estaban impresionados. Nosotros también lo estamos hoy, pues la muerte siempre nos impresiona.

El Señor quería fortalecer a sus discípulos para la situación difícil que se avecinaba. Dios quiere confortarnos cuando nosotros, o uno de nuestros amados, pasamos por el "valle de sombra de muerte". Sólo él "tiene palabras de vida eterna" (Juan 6:68).

Jesús tiene para sus discípulos una palabra de seguridad y esperanza (16:22). Nosotros también tenemos esperanza y vivimos en esperanza (1 Cor. 15:20).

I. HAY HONRADEZ Y REALISMO EN LAS PALABRAS DE CRISTO

"Vosotros ahora tenéis tristeza. . ."

A. No quiere negar la realidad, ni disimular ante sus amigos, ni hacer como si las cosas no le afectasen. El fue siempre honrado y realista en su manera de enfrentar las experiencias de la vida.

B. Es bueno que, al igual que Jesús, enfrentemos la vida y el futuro con franqueza y valor. El sabía de la tristeza de sus amigos; y también sabe de la tristeza y del dolor que sentimos nosotros hoy ante la partida de nuestro hermano.

C. Nadie puede escapar de las tremendas realidades de la vida y mucho menos de la realidad de la muerte. Los íntimos de Jesús estaban tristes. Nosotros también y lloramos. No puede ser de otra manera, pues es perder al que fue esposo fiel, padre amante y amigo querido. Significó mucho para su familia y para nosotros que le disfrutamos como amigo, compañero y colaborador. Con la muerte muchas cosas cambian para todos. Pero él sale ganando con el cambio, pues está en la presencia de Dios, mientras que nosotros seguimos peregrinando.

II. JESUS NO SE QUEDO AHI, SINO QUE AGREGA

«Pero os volveré a ver...»

A. Cristo hablaba acerca de sus propias certidumbres y convicciones. Y es verdad que murió, pero también resucitó, cumpliéndose así sus propias palabras registradas en Juan 10:18. Y se cumplirán para nosotros las de Juan 11:25, 26.

B. La resurrección de Cristo nos demuestra que la verdad, el amor, la vida, la justicia son más fuertes que la muerte. Y si Cristo resucitó, nosotros también resucitaremos. Si él vive, nosotros viviremos y estaremos con él (Juan 14:1-3; 17:24).

C. Cristo aseguró a sus discípulos que los volvería a ver y esa promesa, y otras muchas, son para nosotros también.

III. Y SIGUE DICIENDO JESUS

"Se gozará vuestro corazón, y nadie os quitará vuestro gozo..."

A. Habrá tristeza por un tiempo. Es inevitable si amamos, pero hay gozo en el corazón a pesar de todo porque "está con el Señor" y nosotros un día nos reuniremos con él, con el Señor y con todos los santos, creyentes en Cristo.

B. Gracias a Cristo hallamos nuevas fuerzas y motivos para vivir. Junto a él sentimos que la vida no se acaba.

C. Los sufrimientos pueden ser fuente de creciminto y madurez. Gracias a aquellas experiencias los apóstoles llegaron a conocer más, y a ser más fuertes, sabios y mejores. Más capacitados para amar y servir a otros.

Conclusión

No vamos a hacer nada al cadáver. Nuestros esfuerzos van dirigidos a consolar y fortalecer a los que quedan aquí. Ellos sí nos necesitan, precisan de nuestro amor, apoyo y oración.

Al meditar en las palabras de Cristo a sus discípulos recordamos las realidades de la vida y observamos sus convicciones y actitudes. Vemos que con él las experiencias de la vida, por muy duras y difíciles que sean, son oportunidades de crecimiento y madurez. Y es que con él y en él hay siempre esperanza.

José Luis Martínez

LA ETERNA BENDICION DE LOS SALVADOS
1 Corintios 2:9, 10

Introducción

Cosas que ojo no vio, ni oído oyó. . . son las que el Señor ha preparado para los que le aman. Pero Dios nos la reveló a nosotros.

Nuestra fe, esperanza y seguridad no están basadas en suposiciones, especulaciones, imaginaciones, ideas o palabras humanas. Aquello que deseamos más ardientemente, pero que no podemos obtener por nosotros, Dios nos lo da a conocer por medio de su Palabra y de su Espíritu. Y, además, nos asegura que es nuestro en Cristo Jesús. ¿Cuáles son esas bendiciones?

I. ESTAR PARA SIEMPRE CON EL SEÑOR

A. La atracción principal de nuestra futura bienaventuranza es que estaremos con el Señor, con aquel que nos amó y se dio a sí mismo por nosotros (Gál. 2:20).

B. Debemos aclarar bien que sólo aquellos que le aman (Juan 21:15), que creen en él (Juan 3:18), y que le sirven (1 Tes. 1:9) *ahora* son los que van a estar con él *después*. Somos libres para decidir y elegir. Tendremos lo que hayamos decidido tener. Unos eligen el camino ancho, otros eligen el camino estrecho. Es nuestra la decisión y también lo serán los resultados.

II. SER SEMEJANTES A EL Y VIVIR EN UN ESTADO PERFECTO

A. En 1 Juan 3:1, 2, se nos dice que no sólo estaremos con él, sino que seremos semejantes a él. Ahora no somos todavía muy semejantes al Señor, pero cuando estemos en su presencia sí que lo seremos. Este es el propósito de Dios para cada uno de nosotros. Ese es el proceso de la santificación. Nuestro hermano, debido a los años y a la enfermedad, estaba ya exteriormente deformado; y también sabemos de nuestras muchas imperfecciones internas. Pero allá, él y nosotros seremos semejantes a Jesús.

B. También el lugar y nuestro estado serán perfectos. Adán y Eva fueron puestos en el Jardín de Edén, pero el pecado y la maldición entraron y el paraíso se perdió. Por medio de Cristo se nos abrieron de nuevo las puertas que estaban cerradas. Habrá cielo nuevo y tierra nueva y las condiciones entonces serán perfectas (Apoc. 7:16, 17). Dios se ha complacido en dejarnos en su Palabra una hermosa descripción de aquel lugar en Apocalipsis 21-22.

C. Estaremos libres de las limitaciones de la tierra. Aquí estamos limitados en todos los órdenes y sentidos. Nuestro hermano vivió en los últimos años una vida muy limitada a causa de su ancianidad y achaques. Pero toda esta experiencia de debilidad, decaimiento y malestar cambiará, y para nuestro hermano ya cambió. También estaremos libres para siempre de los males morales que frecuentemente nos corroen por dentro: ambiciones, resentimientos, temores, egoísmos, envidias, etc.

III. DISFRUTAREMOS DE COMPAÑERISMO CON TODOS LOS REDIMIDOS DE TODOS LOS TIEMPOS

A. Allí estarán todos los santos del Antiguo y Nuevo Testamentos, los mártires de los primeros siglos, los que dieron sus vidas en los campos misioneros (Luc. 13:29). ¡Qué maravillosa reunión!

B. Lo más conmovedor, porque esto quizá nos toca más de cerca, es que también estarán nuestros seres queridos, nuestros amigos íntimos. Los veremos y los reconoceremos (1 Cor. 13:12). Nos reuniremos con todos aquellos de toda raza y cultura que creyeron en Cristo y confiaron en las promesas de Dios.

IV. SERA UNA HERMOSA EXPERIENCIA DE ADORACION Y DE SERVICIO

A. La vida en la presencia de Dios en los cielos no será de simple contemplación, sino un estado dinámico de adoración y de servicio. No nos imaginemos, ni pensemos, que será "una eternidad" como a veces se pinta de estar sentados en una nube y tocando un arpa. Una eternidad así parece muy aburrida y poco estimulante.

B. Nuestras experiencias de adoración y servicio en la tierra son una débil muestra y anticipo de lo que en realidad tendremos allá en los cielos.

Conclusión

En aquellos momentos se cumplirán de verdad las palabras de David en el Salmo 23: "mi copa está rebosando. . ."

Nuestro hermano está ya disfrutando en la presencia de Dios de aquellas cosas que ojo no vio, ni oído oyó, que son las que Dios ha preparado para los que le aman.

José Luis Martínez

LA MUERTE UN ENEMIGO VENCIDO

1 Corintios 15:26

Introducción

Se trata del fallecimiento de un creyente, y al acto asisten personas no creyentes, para las que ésta sea quizá la única ocasión de escuchar el evangelio. Háblese del fallecido en concreto, resaltando sin exageraciones innecesarias ni alabanzas forzadas los aspectos positivos de su vida, especialmente en su relación con el Señor. Lo positivo de su relación con su familia, hermanos, etc., puede ser también inspirador. La muerte es el acontecimiento más normal de la vida. Hay algunos que no llegan siquiera a nacer, pero el enfrentamiento con la muerte es inevitable. Aun así, y paradójicamente, la muerte no es sino un paso más hacia la vida, la vida eterna, y Dios ha provisto los medios necesarios para que podamos estar preparados cuando llegue el día, ¿cómo?

I. DIOS ENVIO A SU HIJO AL MUNDO PARA SALVARNOS. "Cristo Jesús vino al mundo para salvar a los pecadores" (1 Tim. 1:15)

A. Con Cristo llegó la plenitud de vida a este mundo. "En él estaba la vida, y la vida era la luz de los hombres" (Juan 1:4). Una vida capaz de vencer a la misma muerte.

B. Cristo murió para darnos vida. ". . . nuestro Señor Jesucristo, quien murió por nosotros para que. . . vivamos juntamente con él" (1 Tes. 5:9, 10). En su muerte y resurrección tenemos vida.

II. TODOS PODEMOS TENER VIDA ETERNA. ". . . yo he venido para que tengan vida, y para que la tengan en abundancia" (Juan 10:10)

A. Reconociendo nuestros pecados y nuestra condición perdida. ". . . todos pecaron, y están destituidos de la gloria de Dios" (Rom. 3:23).

B. Creyendo en Cristo. "Yo soy la resurrección y la vida; el que cree en mí, aunque esté muerto vivirá" (Juan 11:25). La muerte no es el final de la historia, sino la puerta que da paso a la vida eterna para los que *creen* en Cristo; para los que abren su corazón al llamamiento del Hijo de Dios a salvación.

Conclusión

Hoy nos despedimos de nuestro hermano/a. Nuestro corazón está triste por nuestra condición humana, pero para él/ella es una marcha al hogar eterno; ese lugar que el Señor fue a preparar para los suyos (Juan 14:2), donde estarán en su compañía para siempre, y que está abierto a los que le aceptan como Salvador.

No queremos terminar sin una palabra de consuelo para los familiares de nuestro hermano fallecido. Queremos compartir con ellos la seguridad de la presencia de Dios, afirmarles en la paz de Dios que sobrepasa todo entendimiento, queremos asegurarles una vez más nuestro amor, compañía y apoyo en estos días de dolor. Nuestro hermano que partió ya no necesita nada, pero sí lo precisan los que quedan.

También queremos invitar a los amigos que nos acompañan hoy, al servicio memorial en recuerdo del fallecido que tendremos en el templo el próximo domingo. Queremos compartir con ustedes esas palabras y promesas de Dios que hacen que todo sea diferente para aquellos que creen en Cristo y han puesto su confianza en él.

Rafael Bustamante

"DEJAD A LOS NIÑOS VENIR A MI,...
DE LOS TALES ES EL REINO DE DIOS"
Marcos 10:13-16

Introducción

Leemos en los Evangelios que a Cristo le agradaba tomar en sus brazos a los niños pequeños. Esto sucedió hace muchos años cuando él estuvo en la tierra.

Una vez quiso enseñar una lección de humildad y dependencia a sus discípulos y les dijo que el que no fuera como un niño no entraría en el reino de Dios.

Podemos imaginarnos a Jesús sentando a los niños en sus rodillas, rodeándolos con sus brazos y sonriéndoles. Jesús amaba a los niños y quería tenerlos a su lado.

Ahora Jesús ha querido tener a este pequeño a su lado, en su presencia.

I. JESUS AMA A LOS NIÑOS

A. Ustedes amaron a este pequeño. El fue el gozo de sus corazones y la luz de su hogar. Jesús también le ama y ahora está junto a él.

B. Nunca pensemos de él como quedando para siempre en la tumba o retenido en algún otro lugar (Limbo), sino estando con Cristo en el cielo. Junto a aquel que dijo: "Dejad a los niños venir a mí, y no se lo impidáis; porque de los tales es el reino de Dios."

C. La vida puede compararse a un jardín de flores. Las hay de mucha variedad en tamaño y color. Dios los elige para su jardín celestial conforme a su propósito y beneplácito. Unas veces las corta y las lleva cuando están plenamente abiertas y otras cuando son capullos sin abrir.

D. David tuvo tristeza y dolor como ustedes hoy. Cuando su bebé murió su corazón quedó quebrantado. Pero no lloró como uno que no tiene esperanza. Dijo que no podía retornar al niño a la vida de la tierra, pero sí que podía vivir para Dios de tal manera que un día pudiera reunirse con el niño.

E. Quiera Dios que este sea el mensaje del Señor para alguien aquí presente hoy. A veces el Señor utiliza estas tremendas experiencias para que nos demos cuenta de que él nos ama, nos busca y nos llama.

II. NO SIEMPRE CONOCEMOS LOS PLANES DE DIOS

A. No entendemos por qué él se llevó a su hijito, pero sí sabemos que nos ama él y no se equivoca. El tiene sus propósitos en cada cosa y esos planes son siempre lo mejor. De manera que este no es el tiempo de acosarle a preguntas ni de discutir sus juicios. Es la hora de confiar en él, sabiendo que nunca hará nada que vaya a causarnos dolor y daño permanente.

B. La herida es real y profunda ahora, pero un día cuando todas las cosas queden esclarecidas, verá que todo, incluida la muerte de su hijito "ayudan a bien a aquellos que le aman."
   Cuando miramos un tapiz por la parte de atrás, todo parece una enorme confusión de hilos de todos los colores que se cruzan sin aparente sentido. Cuando le damos la vuelta al tapiz y le miramos por el derecho, vemos que todos aquellos hilos están entretejidos con mucho sentido y arte. Hoy estamos mirando el reverso del tapiz y no vemos belleza, sino algo que nos parece sin sentido. Un día veremos que Dios estuvo trabajando para nuestro bien y para su gloria.
   Ustedes amaron tanto a este niño que ahora no pueden ver, pero tengan la seguridad de que un día verán, y entenderán, y darán gloria a Dios.

III. SU CONSUELO EN ESTA HORA

A. Se consuelan en el gozo de que disfrutaron de su pequeño aquí por un poco de tiempo. Son felices porque iluminó sus vidas por un tiempo, aunque no fue mucho. Es mejor haber conocido y amado, aunque se haya perdido por el momento, que no haberle conocido ni amado nunca. Agradezcan y amen a Dios porque él les permitió disfrutarlo por un poco de tiempo.

B. Se consuelan sabiendo que hicieron lo mejor por él. Le dieron todo lo mejor que supieron y pudieron. Digan ahora: "El Señor dio; el Señor quitó. Alabado sea el Señor."

C. Se confortan y consuelan porque un día le volverán a ver. Esta es la seguridad que tenemos en Cristo. El ha ido a preparar lugar en la casa del Padre para todos aquellos que ponen su vida y esperanza en él.

Conclusión

Muchos no tienen esta seguridad y consuelo porque no tienen a Cristo en sus corazones ni experimentan la realidad de sus promesas. Le invitamos en el nombre de Dios, de su Espíritu y de su iglesia que venga a Cristo. Vengan a Aquél que lloró con María y Marta y simpatiza con todos aquellos que están cansados y agobiados, y tienen el corazón transido de dolor.

Copiado

LA MUERTE DE UNA FIEL CRISTIANA
Proverbios 31:10-31

Introducción

A veces participamos en servicios fúnebres de personas mayores que nunca aceptaron a Cristo. ¡Qué pena consumir una vida de 70 o más años rechazando el amor y la salvación de Dios en Cristo Jesús!

Por el contrario, aquí tenemos a una mujer que entregó su vida a Cristo siendo una jovencita y al Señor amó y sirvió por más de sesenta años.

Damos gracias a Dios por estas personas. Vivieron entre nosotros por un poco de tiempo y nos fueron de gran inspiración y bendición. Con su presencia hicieron que la vida de muchos fuera más fácil y agradable. Ahora marchó a estar con su Señor y a esperar nuestra llegada.

I. PODEMOS JUZGAR A LAS PERSONAS POR LO QUE AMARON

A. Amaba al Señor
Para ella el Señor no era alguien distante e ignorado, sino alguien conocido, cercano y amado. Su acompañante diario. Habló siempre con gratitud de él por su salvación y bendiciones.

B. Amaba su Biblia
En todo tiempo la tuvo a mano; durante su última enfermedad la tuvo siempre a su cabecera. A veces vemos Biblias que tienen 25 años y están tan nuevas como el primer día. La de nuestra

hermana se la notaba bien usada. Muchas lágrimas de arrepentimiento y gratitud habían caído sobre sus páginas. Muchos pasajes habían sido subrayados, muchas notas escritas en sus márgenes. Era una lámpara a sus pies y allí encontraba la fortaleza y consuelo que necesitaba.

C. Amaba a la iglesia
Porque amaba a Jesús, amó también a su iglesia. Cristo edifica su iglesia en la tierra para nuestro crecimiento, madurez y oportunidades de servicio. Si amamos a Cristo seremos fieles a su iglesia. Sólo dificultades mayores la impidieron asistir a los cultos y actividades de su iglesia. Fue una inspiración y bendición para muchos porque dedicó su vida a Dios sirviendo en la iglesia.

D. Amaba la oración
Había experimentado muchas veces que la oración cambia personas y circunstancias. Por esta razón participaba activamente en los cultos de oración. ¡Qué gran bendición es tener a hermanos que oran!

E. Amaba a su familia
A su esposo, hijos y nietos. Se gozaba en verlos cerca del Señor. Se entristecía al verlos sufrir. Fue siempre para su esposo una luz, aliento y apoyo.

F. Amaba a sus amigos
Por esta razón tantos de ustedes están aquí hoy. Les amaba y ustedes lo saben. Muchos pueden dar testimonio de la fuerza y ánimo que les proporcionaba su amor.

Sí, ella amó todo lo que es bueno. Ese amor no termina en la tierra, sino que se perfecciona en el cielo. "Ahora permanecen la fe, la esperanza y el amor, estos tres; empero el mayor de ellos es el amor" 1 Corintios 13:13.

II. ALGUNAS PALABRAS PARA PENSAR

A. Descanso
En los últimos meses sufrió mucho. Estuvo frecuentemente agotada de sus fuerzas. Dios le ha dado ahora descanso. Hay descanso para el pueblo de Dios.

B. Reunión
Aquellos que aman a Dios no se separan para siempre. No hay despedidas ni separaciones permanentes. Porque él vive, nosotros viviremos también. Allá en su presencia nos volveremos a encontrar con aquellos que amamos siempre, pero que dejamos de ver por un tiempo.

C. Galardón
El Señor no sólo promete llevarnos al cielo, también darnos la

corona de la vida por haberle servido bien y por hacerlo con sinceridad y devoción para su honra y gloria. Ella hizo esto. Edificó su vida no con cosas que perecen, sino con lo que permanece para siempre.

D. Recuerdos

Ustedes que la conocieron y amaron no la olvidarán. Su memoria permanecerá para siempre en sus corazones.

Su recuerdo será un estímulo para ser mejor persona y mejor cristiano. Un día la verán en el cielo y seguramente dirán: "Gracias, vivimos como nos enseñaste con tu palabra y ejemplo."

Conclusión

Sea este su consuelo. Marchó para estar con el Señor, donde no hay enfermedad, lágrimas ni dolor; donde un día la verán en la compañía de su Salvador y Señor.

Copiado

Pasajes bíblicos que pueden usarse para mensajes o lecturas inspiracionales en servicios fúnebres

1. 1 Samuel 20:1-4.   Incertidumbre de la vida y conciencia de la realidad de la muerte (v. 3).
2. 2 Samuel 12:15-23.   Actitudes de un padre ante la muerte de un hijo pequeño.
3. Job 1:19-21.   Actitudes de un hombre de Dios ante las grandes pérdidas de la vida.
4. Job 5:26.   Gloria de un anciano en su muerte.
5. Job 14:14.   La gran pregunta del hombre.
6. Job 19:25-27.   Seguridad del que confía en Dios.
7. Salmo 1   Diferencia entre el resultado final del camino de los justos y el de los injustos.
8. Salmo 23.   Seguridad del amor y presencia de Dios.
9. Salmo 27:1.   Jehová es mi luz y mi salvación.
10. Salmo 46.   Dios es nuestro amparo y fortaleza.
11. Salmo 90:1-12.   Eternidad de Dios y transitoriedad del hombre.
12. Salmo 91.   Morando bajo la sombra del Omnipotente.
13. Salmo 116:15.   Estimada es a los ojos de Jehová la muerte de sus santos.
14. Salmo 127.   El verdadero descanso y prosperidad viene de Dios.
15. Proverbios 4:18.   La senda de los justos es como la luz de la aurora.
16. Proverbios 31:10-31.   Elogio de la mujer virtuosa.
17. Eclesiastés 3:1-8.   Todo tiene su tiempo.
18. Mateo 11:27-30.   Los cansados y agobiados hallan descanso.
19. Marcos 10:13-16.   De los niños es el reino de Dios.
20. Juan 11:25-27.   Todo aquel que cree en Cristo no morirá eternamente.
21. Juan 13:1-7.   La seguridad de Cristo de que había salido de Dios y a Dios iba (v. 3).
22. Juan 14:1-3.   Cristo marchó a preparar lugar para nosotros en la casa del Padre.
23. Juan 14:1-7.   Cristo es el Camino a Dios.
24. Juan 14:27.   Cristo, dador de la paz, nos deja su paz.
25. Juan 16:22, 23.   Jesús se enfrenta a la tristeza de sus discípulos y les alienta.
26. Juan 16:31-33.   En el mundo hay aflicción, pero Cristo ha vencido al mundo.

111

27. Juan 17:24.	Cristo quiere que donde él esté, nosotros estemos con él.
28. Romanos 8:37-39.	Nada puede separarnos del amor de Dios.
29. 1 Corintios 2:9, 10.	Cosas que ojo no vio, ni oído oyó, Dios ha preparado para nosotros.
30. 1 Corintios 15.	Seguridad de la resurrección de los muertos.
31. 2 Corintios 4:7— 5:10.	Viviendo por la fe.
32. 2 Corintios 5:1.	Seguridad de que tenemos una casa eterna en los cielos.
33. 2 Corintios 5:10.	Todos compareceremos ante el tribunal de Cristo.
34. 2 Corintios 12:7-10.	Suficiencia de la gracia de Dios.
35. Filipenses 1:19-26.	El vivir es Cristo, y el morir es ganancia.
36. 1 Tesalonicenses 4:13-18.	Seguridad acerca del bienestar de los que murieron.
37. 2 Timoteo 4:6-8.	Manera en que un siervo de Dios contempla su ya próxima muerte.
38. Hebreos 2:5-15.	Cristo nos libera del temor y del poder de la muerte.
39. Hebreos 9:27.	Seguridad de la muerte y del juicio.
40. Hebreos 11:8-10.	La seguridad que viene por la fe.
41. Santiago 4:13-17.	No os gloriéis del día de mañana.
42. Apocalipsis 7:9-17.	Bienaventuranza de los salvados.
43. Apocalipsis 14:13.	Bienaventurados los que mueren en el Señor.
44. Apocalipsis 21:1-7.	Todas las cosas son hechas nuevas.
45. Apocalipsis 22:1-5.	Visión del cielo.